Schätze lebendiger Vergangenheit

Sachsen-Anhalt und das 18. Jahrhundert. Kulturreiseführer, Band 2
Unter Mitarbeit von Katrin Dziekan und Ute Pott

Jürgen Westphal

Schätze lebendiger Vergangenheit
Harz

Kulturreiseführer

Mit einem Briefroman aus
dem Zeitalter der Aufklärung

mitteldeutscher verlag

Inhaltsverzeichnis

Harz

In schroffer Schönheit
zeigt sich das Bodetal

Entdeckungen im Harz

Zum Reiseführer

Unter dem Titel „Schätze lebendiger Vergangenheit" lädt die Reihe „Sachsen-Anhalt und das 18. Jahrhundert. Kulturreiseführer" nicht nur auf außergewöhnliche Weise in die Zeit des 18. Jahrhunderts ein, sie stellt auch für den touristisch interessierten Leser und für den erkundungswilligen Reisenden bedeutende kulturelle Orte in Sachsen-Anhalt vor. Da es in der Region gerade aus dieser Zeit zahllose Schätze zu entdecken gibt, besteht die nach Gebieten gesplittete Reihe aus vier eigenständigen Bänden. Der erste Band lädt ein in die Altmark, die Börde und die Landeshauptstadt Magdeburg. Der zweite, hier vorliegende Band stellt die Harzregion, auch mit ihrem Teil in Niedersachsen vor, der dritte das Saale-Unstrut-Gebiet und Halle, der vierte Band Anhalt, Dessau und Wittenberg.

Die „Schätze lebendiger Vergangenheit" erscheinen im Rahmen der Landesinitiative „Sachsen-Anhalt und das 18. Jahrhundert", einem Verbund der Museen zum 18. Jahrhundert im heutigen Bundesland Sachsen-Anhalt. Kaum ein anderes Land hat einen solchen Reichtum an kulturellen Schätzen aus dem Zeitalter der Aufklärung! Seit 2003 tritt die Initiative „Sachsen-Anhalt und das 18. Jahrhundert", gefördert durch das Land Sachsen-Anhalt, mit wechselnden Themenjahren an die Öffentlichkeit, deren Ergebnisse in der gleichnamigen Schriftenreihe veröffentlicht werden. Immer wieder wird dabei deutlich, wie spannend es auch für unser heutiges Selbstverständnis ist, sich den großen Leistungen dieser Zeit zu nähern, in der für vieles, das heute Bestandteil unseres modernen Lebens ist, der Grundstein gelegt wurde. Das macht dieser Reiseführer deutlich.

Abendstimmung über dem wildromantischen Bodetal

Das 18. Jahrhundert wird auch als das „Jahrhundert des Briefes" bezeichnet. Was liegt also näher, als in allen vier Bänden
der „Schätze lebendiger Vergangenheit" Briefe zu veröffentli-
chen? – Das Besondere: Gründliche Recherchen lassen diese
‚historischen Briefe' authentisch wirken, auch wenn sie erfunden sind.

Jeder Reiseführer kann für sich gelesen und genutzt werden,
doch alle vier erzählen in einem Briefroman – beginnend 1768,
dem Jahr der Ermordung *Johann Joachim Winckelmanns* – Geschichten über die Kaufmannstochter Elisabeth, die in der Region des heutigen Bundeslandes Sachsen-Anhalt Alltag, Liebe
und Abenteuer erlebt. Der Leser begleitet das Mädchen auf
seinem Weg zur erwachsenen Frau. Anschaulich, humorvoll
und einfühlsam berichtet Elisabeth in den Briefen, die sie an
ihre Großmutter schreibt, vom Leben im 18. Jahrhundert, von
den Schwierigkeiten der ständischen Gesellschaft, aber auch
von den Aufbrüchen und Neuentdeckungen, die mit dem
Zeitalter der Aufklärung verbunden sind.

Im ersten Band „Altmark, Börde und Magdeburg" erzählt die Briefschreiberin von ihrer Kindheit und Jugend in Salzwedel. Auf mehreren Reisen lernt sie Land und Leute kennen. In Magdeburg gelingt es ihr, das Schicksal der Bettelkinder Ferdinand und Martha zum Guten zu wenden. Sie fühlt sich zu Ferdinand hingezogen. Eine erste zarte Liebe wächst zwischen ihr und dem jungen Mann.

Im vorliegenden zweiten Band „Harz" berichtet die vielseitig interessierte und begabte Schreiberin Elisabeth im munteren Plauderton von ihrer Reise durch den Harz, von ihren Eindrücken vom Bodetal, von der Rosstrappe, dem Hexentanzplatz und natürlich vom Brocken. Sie siedelt erst nach Quedlinburg, später nach Ballenstedt um und besucht unter anderem Stolberg, Clausthal, Wolfenbüttel, Halberstadt und Wernigerode. Dabei schärft sie weiter ihren kritischen Blick für soziale Missstände und erlebt Natur- und Bauwunder. Der Faszination des Harzes und seines kulturellen Reichtums kann sie sich nicht entziehen. Der Kulturreiseführer bietet in allen vier Bänden andere Sichtweisen auf die Sozial- und Geistesgeschichte heutiger touristischer Orte als sonst üblich. Er lädt dazu ein, das geschichtsträchtige und an kulturellen Schätzen reiche Bundesland Sachsen-Anhalt mit seinen Museen, Parks, Schlössern und zahlreichen anderen Sehenswürdigkeiten auf neue Weise kennenzulernen.

Zur Nutzung

Viele Orte und Institutionen, die mit dem historischen Kulturreiseführer erkundet werden können, sind auch wichtige Stationen touristischer Routen und Verbünde, die sich durch das Reiseland Sachsen-Anhalt ziehen. Auf sie wird gezielt durch das jeweilige Logo, dessen Bedeutung hier kurz erklärt werden soll, hingewiesen.

Sachsen-Anhalt und das 18. Jahrhundert

Von den historischen Landschaften des heutigen Bundeslandes Sachsen-Anhalt gingen im 18. Jahrhundert für die deutsche Kultur und das europäische Geistesleben wichtige Impulse aus. Zahlreiche Museen, Sammlungen und Bibliotheken dokumentieren diese besondere historische Leistung.

Das Projekt „Sachsen-Anhalt und das 18. Jahrhundert", das anlässlich des 200. Todestages der Dichter *Johann Wilhelm Ludwig Gleim* und *Friedrich Gottlieb Klopstock* 2003 ins Leben gerufen wurde, weist auf die Existenz dieser zahlreichen und bedeutenden Stätten im Land Sachsen-Anhalt hin und verbindet diese miteinander.

„Sachsen-Anhalt und das 18. Jahrhundert" ist eine Initiative des Museumsverbandes Sachsen-Anhalt e.V. und des Gleimhauses Halberstadt, die vom Kultusministerium des Landes Sachsen-Anhalt gefördert wird.

Gartenträume

Aus über 1.000 Gartendenkmalen des Landes wurden 40 der bedeutendsten und schönsten Parkanlagen ausgewählt und im denkmalpflegerisch-touristischen Netzwerk „Gartenträume – Historische Parks in Sachsen-Anhalt" zusammengeschlossen.

Die Anlagen umfassen die ganze Bandbreite der gartenhistorischen Entwicklung im Land – vom Klostergarten über Barockgärten und Landschaftsparks, Stadtparks und Villengärten bis hin zu modernen Gestaltungen. Eine herausragende Stellung nehmen die zum UNESCO-Welterbe zählenden Anlagen des Gartenreichs Dessau-Wörlitz ein.

Das Projekt „Gartenträume" verfolgt das Ziel, das gartenkulturelle Erbe Sachsen-Anhalts wiederzuentdecken, die Parks schrittweise wiederherzustellen, zu erhalten und gleichzeitig sensibel touristisch zu vermarkten. Seit 2006 werden die „Gartenträume" als touristische Markensäule des Landes vielfältig präsentiert.

Deutsche Fachwerkstraße

Sachsen-Anhalt zeichnet sich durch eine große Zahl bemerkenswerter Fachwerkstädte aus. Viele von ihnen liegen an der Deutschen Fachwerkstraße. Dieser touristische Zusammenschluss von mehr als 100 Fachwerkstädten in sechs Bundesländern knüpft unter dem Motto „Fachwerk verbindet" ein farbenprächtiges Band zwischen Landschaften, geschichtsträchtigen Schauplätzen und interessanten Denkmalen beispielhafter Fachwerkarchitektur und territorialen Besonderheiten. Kurbäder und Festspielorte wechseln sich ab mit Naturparks und romantischen Winkeln. „Äppelwoi", Baumkuchen und Halberstädter Würstchen sind hier erfunden worden. Kaum eine andere Tourismusroute in Deutschland kann ihren Gästen so abwechslungsreiche kulinarische Genüsse bieten. Die insgesamt neun Regionalstrecken führen zu prunkvollen Rathäusern und Marktplätzen, stolzen Bürgerhäusern und durch kleine winklige Gassen. Sie weisen den Weg durch mehr als 700 Jahre Geschichte.

Das kleinste Haus in Wernigerode

Straße der Romanik

Sie wurde im Mai 1993 in Magdeburg eröffnet und hat sich im Laufe der Jahre zu einer der erfolgreichsten Freizeitstraßen Deutschlands entwickelt. Auf einer Länge von 1.195 km verbindet sie 65 Orte, an denen 80 romanische Bauwerke, wie Kirchen, Burgen, Pfalzen und Klöster von europäischem Rang zu erleben sind. In eine Nord- und eine Südroute geteilt, verläuft die Straße der Romanik durch fünf Regionen Sachsen-Anhalts. Ausgangspunkt beider Routen ist Magdeburg. Die im Dom befindliche Grablege Kaiser *Otto I.* gehört neben dem Kunstmuseum Kloster Unser Lieben Frauen zu den eindrucksvollsten romanischen Bauwerken Deutschlands.

Städtebund der Hanse

Die Tradition der alten Hanse wurde mit Gründung der „neuen" Hanse im Jahr 1980 in Zwolle vor allem als Lebens- und Kulturgemeinschaft, zur Stärkung des Bürgersinns und Identifizierung der Bewohner mit ihrer Stadt neu belebt. Zurzeit bilden 175 Mitgliedsstädte aus 15 europäischen Ländern die weltweit größte, freiwillige Städtegemeinschaft. Dem Bündnis haben sich auch mehrere der einstigen großen Handelskontore wie Nowgorod angeschlossen.

Blaues Band

Das Blaue Band verbindet viele Orte auf den weit verzweigten Wasserwegen in Sachsen-Anhalt, sei es an der Elbe und ihren naturnahen Nebenflüssen oder an Saale, Elster sowie Unstrut. Kanadier, Motorboote, Wassersportanlagen und mehr laden zur Bewegung als auch Erholung auf dem Wasser ein. Radwanderwege ermöglichen die Erkundung der ufernahen Landschaften und die Auseinandersetzung mit dem sensiblen Ökosystem der Feuchtgebiete. Viel Wissenswertes um das jahrhundertealte Miteinander zwischen Natur und Kultur wird so dem Interessierten vermittelt.

UNESCO-Welterbe

Das „Internationale Übereinkommen zum Schutz des Kultur- und Naturerbes der Welt" haben mittlerweile 186 Staaten unterzeichnet. Damit stellt es die international bedeutsamste Vereinbarung

dar, die jemals zum Schutz des kulturellen und natürlichen Erbes der Welt getroffen wurde. 890 Stätten, davon über 30 in Deutschland, fallen unter die Bestimmung des „außergewöhnlich universellen Wertes", der sie einzigartig und schützenswert macht. Ob die Ruinen in Olympia, die Große Mauer in China, altsteinzeitliche Höhlenmalereien in Nordspanien oder die Altstadt von Quedlinburg – sie alle sind Weltkulturerbe.

Die Stiftskirche St. Servatius in Quedlinbu ist Teil des UNESCO-Weltkulturerbes

Europäische Kulturdörfer

Wenn es Kulturhauptstädte gibt, warum dann nicht auch Kulturdörfer? Durch diesen Gedanken geleitet, haben sich zwölf außergewöhnliche Dörfer in zwölf europäischen Ländern gefunden. Jeder dieser Orte ist einerseits typisch für das Land, in dem er liegt, andererseits hebt er sich durch eine regionale Besonderheit, die ihn auszeichnet, aus der Menge anderer Dörfer hervor. So hat sich ein reger Kulturaustausch über alle Grenzen hinweg gebildet.

Stadtsprung.
Städte zwischen Harz und Elbe

Kultur und Genuss, Bildung und Erholung – es gibt viele Gründe, die Städte Sachsen-Anhalts kennenzulernen. Sachsen-Anhalt ist das Kernland deutscher Geschichte – eine Schatzkammer für Kultur- und Städtetouristen. Stadtspaziergänge, Kulturangebote, kulinarische Genüsse, Stadtfeste und Märkte erhalten dank der historischen Bedeutung der „Städte zwischen Harz und Elbe" ihr unverwechselbares Gepräge. Die Landeshauptstadt Magdeburg, die Saale- und Kunststadt Halle, die Domstädte Naumburg und Halberstadt sowie die „bunte Stadt am Harz" Wernigerode, die UNESCO-Welterbestädte bzw. -standorte Quedlinburg, Dessau-Roßlau und Lutherstadt Wittenberg laden ein, Neues zu entdecken.

Oranier-Route

Auf den Spuren des holländischen Königshauses wandelt man auf der Oranierroute. Die über 2.500 Kilometer lange Strecke verbindet Städte und Regionen, die eng mit der Geschichte des Hauses Oranien-Nassau verbunden sind. Politisches Kalkül und die niederländisch-deutschen Ehebande hinterließen über Jahrhunderte faszinierende Bauwerke an Orten wie Oranienburg oder Oranienbaum und wertvolle Kunstgegenstände.

Nach den Briefen der Elisabeth und der Vorstellung heutiger touristischer Ziele, stellen die „Tipps zur Erkundung der Region" in Kurzform die jeweils wichtigsten Sehenswürdigkeiten mit Adressen, Telefonnummern, Homepages und Öffnungszeiten vor.

Gestalterisch erscheinen die Brieftexte abgesetzt auf getöntem Hintergrund, ebenso die Hinweise zu den Briefen. Nummerierte Endnoten erläutern heute eher unbekannte Begriffe oder Umstände. Alle Namen historisch verbürgter Personen sind kursiv gesetzt und werden im Personenregister kurz erläutert. Ein topografisches Namenverzeichnis verweist auf die erwähnten Orte. Besondere touristische Orte bzw. Sehenswürdigkeiten sind durch Fettdruck hervorgehoben.

Die „Schätze lebendiger Vergangenheit" sind so Lesebuch, Reiseführer und Nachschlagewerk in einem und besonders denen zu empfehlen, die sich auf den Weg machen wollen, um eine erlebnisreiche Reise auf den Spuren der Aufklärung durch Sachsen-Anhalt zu unternehmen.

Die Blocksbergs Reiterey, Kupferstich von C. C. Glaßbach nach Wilhelm Chodowiecki, 1787

„Aber welch ein balsamischer Geruch dampfte nun aus dem Walde und von den Bergen zu uns herab! Es ist unmöglich, in der Stadt solche Naturwonne zu empfinden, die sich wirklich nur empfinden, aber nicht beschreiben läßt. … Gott! dachte ich, wie wenig gehört doch dazu, um vergnügt und zufrieden zu seyn!"

Johann August Ephraim Goeze,
„Die Harzgegend …", Leipzig 1785

Das zugrundeliegende und in vieler Hinsicht bemerkenswerte „Brief-konvolut" umfasst 42 Einzelbriefe. Es entstand zwischen 1768 und 1792 als Sammlung von Briefen einer Enkelin an ihre Großmutter. Elisabeth, die Verfasserin, erzählt unbefangen und ohne jeglichen Gedanken an eine eventuelle Veröffentlichung von ihren Erlebnissen, ihren Freuden und Sorgen. Vor dem Hintergrund aufkeimender gesellschaftlicher Um-brüche kann episodenhaft die Entwicklung Elisabeths vom Kind bis zur jungen Erwachsenen miterlebt werden.

Es ist aus Platzgründen nicht möglich, jeden der 42 Briefe in voller Länge wiederzugeben. Sie würden den Rahmen dieses Reiseführers sprengen und das angestrebte Gleichgewicht zwischen Information und Briefun-terhaltung stören. Dennoch kann der Leser im Verlauf aller vier Bände den Lebensweg der Briefschreiberin miterleben. Zum fortlaufenden Verständnis der Ereignisse werden kurze Hinweise zum Inhalt der unge-druckten Blätter gegeben.

Die Briefe 16 und 17 beschreiben den Umzug der Familie nach Qued-linburg, das Herrichten des Hauses und Elisabeths Bemühen, sich in der neuen Umgebung einzuleben.

Die Großmutter erfährt, dass Oelschläger die Brüder Wilhelm und Tho-mas noch immer betreut, obwohl sie in Quedlinburg das Gymnasium besuchen. Durch den Hauslehrer ist die Familie mit dem Pfarrer und Naturforscher *Johann August Ephraim Goeze* in freundschaftlichen Kon-takt gekommen. Elisabeth charakterisiert *Goeze* als einen sehr klugen, milden und aufgeschlossenen Menschen, der im Umgang mit jungen Leuten und Kindern viel Einfühlungsvermögen zeigt.

Im achtzehnten Brief gibt Elisabeth eine anschauliche Beschreibung Quedlinburgs, der „wunderlichen kleinen Fachwerkstadt, mit ihren ver-träumten Ecken und Winkeln, wohin sich, wie es scheint, das Mittelalter refugieret[1] hat."

Mit *Goeze* und Oelschläger besucht Elisabeth die alte Bischofsstadt Halber-stadt und lernt im Mai 1775 den Dichter und Domsekretär *Johann Wilhelm Ludwig Gleim* kennen. Sie ist von der Stadt, deren Kirchen, Plätzen und Palästen und dem weltoffenen Haus, das *Gleim* führt, genauso begeistert wie von *Gleims* täglich aufs Neue gelebter Philosophie der Freundschaft.

Neunzehnter Brief, Juli 1776

Liebste Großmama,
zwei herrliche Wochen liegen hinter mir, zwei Wochen voll Abenteuer und Freude; zwei Wochen, die sich in mir

zu dem Schönsten verwoben haben, das eine Menschenseele erleben kann – Glück.

Der Vater hatte Ferdinand und Martha zu uns nach Quedlinburg eingeladen. Das allein war mir Freude genug, doch Papa hatte sich noch etwas Besonderes ausgedacht: Eine Reise durch den ganzen Harzwald! Er wollte mit unseren Gästen, mit Thomas, Wilhelm, Monsieur Oelschläger und mir die Seltsamkeiten des vor unserer Haustür liegenden wilden Gebirges er-

Johann August Ephraim Goeze, Pastell von unbekanntem Künstler, um 1780

forschen. Monsieur *Goeze* bestand darauf, uns als sachkundiger Führer auf dieser Tour zu begleiten.

Das Harzgebirge ist Tummelplatz der größten Merkwürdigkeiten. Es gibt keinen Ort, der sich nicht durch eine curieuse Besonderheit auszeichnet. Aus tausend Quellen, Spalten, Höhlen und Schächten scheinen hier die Mythen, Sagen und Märchen ans Licht zu drängen. Von Riesen erzählt die Mär und von Zwergen, Hexen, Teufeln, Bergmönchen, Geistern, Räubern und edlen Jungfrauen. Und man stößt allenthalben auf beredte Zeugnisse dieser Geschichten.

Hoch hinauf auf die klüftigen Felsen des Brockens sind wir gestiegen, wo wir dem Adler gleich die Blicke weit über das Land gleiten ließen, erhabene Größe und Winzigkeit im selben Augenblick empfindend.

Die höchsten Höhen und die tiefsten Schlünde – Monsieur *Goeze* kennt sie alle.

Wissen Sie, liebste Großmama, dass Monsieur *Goeze* als Naturforscher berühmt ist? Er hat als erster ein Tier entdeckt und beschrieben, das er Bärentierchen[2] nannte. Es ist gerade mal so groß, wie ein Pferdehaar im Diameter.[3] Unter seinem Microscopium konnte ich es gut erkennen. Dieser Pfarrer ist von gar sonderbarer Natur. Als uns einstens im Frühling ein gemeinsamer Spaziergang vor die Stadt führte, lief er plötzlich vom Wege ab, sprang zum Flussufer hinunter, zog Schuh und Strümpfe aus, trat in die kalte Flut der Bode und griff nach einem großen flachen Stein. Den hob er empor, legte ihn mit der Unterseite zuoberst in das Ufergras und forderte uns auf,

Das Bärtierchen (Tradigrade), das von Goeze in seinem Anhang zu der Insektologie von Carl Bonnet 1773 erstmals beschrieben und abgebildet wurde

Einhorn-Skelett aus Gottfried Wilhelm Leibniz' „Protogaea", 1749

genau hinzusehen. Wir taten ihm die Freude. Unter dem Stein offenbarte sich uns eine faszinierende krabbelige Lebenswelt. Die sonderbarsten Geschöpfe regten sich dort. Larven der großen Steinfliege, Köcherfliegenlarven, Libellenlarven, Würmer und kleine Krebstierchen. Monsieur *Goeze* wusste sie alle zu benennen. Während wir noch über die Würmer sprachen, hatte er uns, an einer mittelalterlichen Feldwarte vorbei, zum Zeunickenberg[4] geführt, wo man vor 115 Jahren die Reste eines unerhört seltenen, ja wunderlichen Tieres fand – das Skelett eines Einhorns!

Friedrich Gottlieb Klopstock, gemalt
von Johann Caspar Füßli d. Ä., 1750

Dr. Dorothea Christiana Erxleben,
geb. Leporin, Rötelzeichnung von
Hilmar Büchner, 1956

Der naturkundige Pfarrer lächelte, als er erzählte, dass der berühmte *Otto von Guericke* das Skelett beschrieben[5], der große Gelehrte *Leibniz* es in seiner „Protogaea"[6] später sogar kommentiert und in einer Zeichnung dargestellt hat. Monsieur *Goeze* versicherte augenzwinkernd, dass es eine richtige Einhornhöhle im südwestlichen Harz, zwischen Herzberg und Bad Lauterberg, nahe des kleinen Ortes Scharzfeld gibt.

Vor Beginn der Harzreise führte uns Monsieur *Goeze* durch Quedlinburg, zeigte uns am Schlossplatz, gleich neben seinem, das Wohnhaus *Klopstocks* und zitierte, dem Dichter zu Ehren, einige Zeilen aus dem Messias. Er ließ auch *Klopstocks* Freund, den Dichter und Hofprediger *Nikolaus Dietrich Giseke*, der einstens hier am Schlossberg lebte, nicht unerwähnt.
Darauf besuchten wir die Kaplanai, neben der Nikolaikirche, wo bis vor 14 Jahren die hochverehrte Ärztin

Dorothea Christiana Erxleben ihre Praxis unterhielt. Pfarrer *Goeze* wusste viel über diese interessante Frau zu berichten. Von ihrem Sohn, *Johann Christian*, der heute Professor für Naturkunde in Göttingen ist, sprach er voll Bewunderung. Vor dem ehemaligen Wohnhaus *Gottfried Arnolds* gedachten wir der Leistung dieses fleißigen Mannes, der vor 77 Jahren in Quedlinburg sein bedeutendstes Werk, „Die unparteyische Kirchen- und Ketzerchronik", verfasst hat.

Im Rathaus zeigte man uns einen großen hölzernen Kasten aus dem Mittelalter, worin ein kriegerischer Raubgraf namens *Albrecht*[7] vom Senat der Stadt lange Zeit gefangen gehalten wurde. Das Schwert, die Sporen, der Dolch und das mächtige Pfeilwurfgeschütz des adligen Räubers sind ebenfalls hier aufbewahrt. Von diesem Wurfgeschütz sagt man, es hätte dazumal an Größe und Stärke seinesgleichen nicht gehabt. Dem Besucher mit unerschrockenem Gemüte werden in einem besonderen Schrank verdorrte Schädel und Hände vorgezeigt, die den verruchten Meuchelmördern abgeschlagen wurden, die zu Ostern des Jahres 941 den Kaiser *Otto* ermorden wollten.

Durch das gute Einvernehmen Pfarrer *Goezes* mit den Damen des Quedlinburger Frauenstiftes ward uns gestattet, die wunderbaren Kleinodien ihrer Kirche zu betrachten.

Panorama von Quedlinburg, Kupferstich von C. C. Voigt, 1782

Porträt Anna Amalie von Preußen, gemalt von Anna Dorothea Therbusch, 1772

Nie zuvor sah ich so prunkvolle Evangeliare, so kunstvoll mit Gold, Elfenbein und Edelsteinen verzierte Reliquienkästen wie in dieser Schatzsammlung. Dort steht auch ein großer Alabasterkrug, der unter die sechs Krüge gerechnet wird, aus denen Jesus bei der Hochzeit zu Kana statt Wasser köstlichen Wein fließen ließ, wie es Johannes im zweiten Kapitel beschreibt. Doch damit ist die Menge des ganzen hier verwahrten Schatzes lange nicht erschöpft.

Die vor 50 Jahren verstorbene und, wie es heißt, in ihrem Grabe noch immer schöne *Aurora von Königsmarck* mochte ich mir nicht ansehen. Mehr als die verstorbene Schönheit hätte ich gern die jetzige Äbtissin des Stiftes gesehen, Prinzessin *Anna Amalia von Preußen*, um derentwillen *Friedrich Wilhelm von der Trenck* so viele Jahre in der Festung Magdeburg gefangen saß. Doch die Äbtissin weilt nur selten in Quedlinburg.

Den Rest des Tages verbrachten wir in Pfarrer *Goezes* Haus am Schlossberg, wo uns der gelehrte Mann nach dem Essen und vollbrachter kleiner Hausmusik durch seine Naturaliensammlung und Bibliothek führte, nicht ohne ausdrücklichen Hinweis, beides nach Belieben zum eigenen Nutzen zu gebrauchen.

Am folgenden Tag bei Sonnenaufgang brach unsere Reisegesellschaft zur Exkursion in das Harzgebirge auf. Dem Lauf des Bodeflusses folgend, erreichten wir ein gewaltiges Felsental, das düster aus mächtigen Bergen hervorbricht. Wo sich diese schroffe Felsklamm zum freien Land hin öffnet, liegt das kleine Dorf Thale. Noch bevor wir es sahen, war das Hämmern der Eisenschmiede zu hören. Aus hohen Schmelzöfen stieg dunkler Rauch, der sich mit dem Frühdunst mischte und einen sonderbaren Geschmack im Mund hinterließ. Beim Näherkommen schwoll der Lärm an, Schmiedehämmer krachten, Wasserräder knarrten, gewaltige Blasebälge pfiffen, Esel schrien, Erz- und Kohlekarren quietschten, Menschen fluchten – es war die einförmige Melodie eines Hüttendorfes. Schlackehalden und Ascheberge türmten sich am Rande des Ortes.

„Hier wird Erz aus den umliegenden Bergwerken verhüttet und zu Blechen geschmiedet, die nicht nur im Preußischen guten Absatz finden", sagte Monsieur *Goeze*.

Ferdinand interessierte sich für die hohen Schmelzöfen. Er sollte auf unserer weiteren Harzreise noch ausreichend Gelegenheit bekommen, diese feuerspeienden Ungeheuer zu studieren.

Wir ließen das geschäftige Treiben hinter uns und drangen weiter in das Tal. Bald war nur noch das Rauschen des Bodeflusses zu hören. Immer steiler und schmaler wurde der Pfad, den uns Monsieur *Goeze* hinaufführte. Hier soll einst die Bergfeste Winzenburg gestanden haben. Viel deutete nicht mehr darauf hin. Als wir mit keuchendem Atem oben ankamen, eröffnete sich uns eine fantastische Aussicht über das Tal. Von hier fällt der Blick in eine so schroffe Tiefe, dass es einen schaudert. Rundum starren wüste Felsspitzen und Zacken empor, während sich unten die Bode wie ein glänzendes Band durch die enge Schlucht windet. Ihr Brausen und Zischen ist selbst hier oben noch zu hören. Man scheut zurück, beugt sich nur zögernd vor. Jeder Fehltritt bedeutet Sturz und grausame Zerschmetterung. In der Ferne ist hinter einer fruchtbaren Ebene unser stattliches Quedlinburg zu erkennen.

Monsieur *Goeze* führte uns zu jenem Ort, der dieser ganzen Höhe den Namen gibt: die Rosstrappe. Es ist eine Felsenspitze unmittelbar am schroffen Abgrund, der den Abdruck eines Pferdehufes trägt. Das Ross jedoch, dem dieser Huf angehörte, muss wahrlich ein Riesenross gewesen sein, denn der Abdruck ist mehr als anderthalb Fuß[8] breit und eine Faust tief. Diese Trappe befindet sich 1452 Fuß hoch über dem Meer und 850 Fuß über dem Bodegrund. Monsieur *Goeze* erzählte die Geschichte dieser sonderbaren Trappe:

Vor langer Zeit, als im Harze und in Böhmen noch Riesen lebten, verliebte sich der stolze Ritter Bodo in die schöne Königstochter Brunhilde. Er freite um sie, ward von ihr jedoch abgewiesen. In seiner liebestollen Verzweiflung beschloss der Ritter, sie mit Gewalt zu seiner Frau zu machen. Als sie eines Tages ausritt, verfolgte er sie, um sein böses Vorhaben in die Tat zu setzen. Brunhilde bemerkte den Verfolger, erriet dessen Absicht und floh in größter Not. Doch plötzlich schnitt ihr das tiefe Bodetal den Weg ab. Sie stand am Abgrund und blickte schaudernd hinab. Der wüste Ritter kam näher und näher. Da nahm sie allen Mut zusammen, trieb ihr Ross an und wagte den großen Sprung über das Tal. Es gelang. Allein die Krone fiel ihr vom Kopfe. An der Stelle aber, wo der Huf ihres Pferdes aufsetzte, grub sich dessen Abdruck tief in den Fels. Der Ritter folgte ihr, stürzte jedoch mit seinem Pferd in die grausige Schlucht. Wegen seiner bösen Tat wurde er in einen schwarzen Hund verwandelt und muss seither im Bodekessel die Krone der Prinzessin bewachen, so erzählt die Sage.

Wir kletterten einen beschwerlichen Zickzackweg hinab. Der Pfad war teilweise durch Geröll unsicher und gefährlich. Unten angekommen ist die Schlucht erschreckend eng. Der Fluss braust über Felsbänke und Wasserfälle, mit ungeheurer Kraft. Gischt schäumt hinauf und macht die Luft feucht und kalt. Hier spürt man die unbändige Gewalt der Natur. Vom Westen schoben sich graue Wolkenhaufen vor die Sonne. Es wurde düster im Tal. Ich malte mir aus, wie diese wilde Gegend im Winter aussehen mochte, wenn dicke Eismäntel die Felsen überziehen und bizarre Eiszapfen von den Uferbüschen wie gläserne Säulen in die gefrorene Gischt hängen. Ein schmaler Pfad führt am linken Ufer der Bode hinab zur Jungfernbrücke, über die man zum rechten Ufer der Bode gelangt. Die hölzerne Brücke liegt beiderseits auf vorstehenden Felsplateaus. Sie ist zierlich und graziös, wie eine Jungfer sein sollte, und es geht die Sage, dass unter den Füßen einer ehrlosen Weibsperson, die ihre Jungfräulichkeit nur heuchelt, die Brücke zusammenbricht. Wir überquerten sie guten Mutes. Am anderen

Die Rosstrappe nebst dem Dorfe Thale, kolorierte Radierung von A. Balzer, um 1795

Ufer saß auf einem Stein ein grauhaariger Alter. Neben ihm lehnten zwei Krücken an der Felswand. Unter seinem abgetragenen preußischen Grenadiersrock ragte ein hölzernes Stockbein hervor. Als Papa dem Invaliden einen halben Taler gab, erschien plötzlich wie aus dem Nichts ein uraltes gebeugtes Weiblein mit einem großen Tragkorb auf dem Rücken und einem schwarz-weiß gestreiften Tuch um die Schultern. Ihr Gesicht war runzlig wie die Borke eines Kastanienbaumes und so eingefallen, dass ihre Nase noch spitzer und länger wirkte, als sie ohnedies schon war.

„Wünsche einen guten Tag", sagte die Alte mit knarrender Stimme und war schon wieder hinter dem nächsten Felsvorsprung verschwunden. Auch Monsieur *Goeze* legte dem Invaliden ein paar Groschen in den Hut. Der Alte blickte ungläubig auf die Münzen, dann bedankte er sich mit einer kleinen Verbeugung.

Über schmale steile Pfade erreichten wir nach einiger Zeit den Gipfel, den man den Hexentanzplatz nennt. Von hier soll die mutige Brunhilde mit ihrem Rosse abgesprungen sein, um drüben die Trappe in den Felsen zu schlagen.

Von diesem Tanzplatz hat man einen ergreifend schönen Blick in das vorgelagerte Land, der, ob seiner höheren und freieren Lage, die Aussicht des Rosstrappefelsens noch um einiges übertrifft. Zur Walpurgisnacht sollen hier die Hexen und Teufel Versammlung halten und wüste, unzüchtige Orgien feiern – mit diabolischen Tänzen.

Pfarrer *Goeze* führte uns an verschiedene interessante Stellen, zeigte uns den Sachsenwall und die wenigen Reste der Homburg, worüber er viel zu erzählen wusste.

Schon der erste Tag unserer Harzreise hat mich sehr bewegt. Ferdinand ging es nicht anders. Schweigend und staunend nahm er die herrlichen Bilder dieser wilden Natur in sich auf. Tief im Gemüte angerührt standen wir eine geraume Weile Hand in Hand auf einer Felsenspitze und blickten schaudernd in den Abgrund.

Am Abend schrieb Ferdinand seine erste Ballade vom verliebten Ritter Bodo. Doch so sehr ich auch bat und bettelte, der Geheimniskrämer zeigte sie mir nicht.

Ich aber nahm meinen Skizzenblock und malte aus der Erinnerung die schroffe Schönheit des Felsentals.

Liebste Großmama, wenn ich in dieser Ausführlichkeit unsere Harzreise weiter beschreibe, wird aus dem Brief gewiss ein dicker Foliant. Deshalb will ich mich zügeln und folgend nur im kurzen Abriss die weitere Reise schildern, wobei die curieusesten und spannendsten Begebenheiten nicht fehlen sollen.

Allenthalben trifft man im Harz auf Erzschächte, kegelförmige Gaipel[9], Pingen[10], Fördergerüste, Abraumhalden und Pochwerke. Fließrinnen, Gräben und künstliche Teiche in großer Zahl ersetzen natürliche Bäche oder

Flüsse. Und Wasserräder – überall drehen sich Wasserräder! Mit ihrer Hilfe werden die tiefen Schächte trocken gehalten und Sägemühlen für Grubenholz, Pochwerke, Erzhämmer wie auch die Blasebalge der Schmelzhütten betrieben. Neben den Hütten und Schächten türmen sich Asche- und Schlackehalden zu kleinen Gebirgen. Erzkarren an Erzkarren, von Eseln oder klapprigen Gäulen gezogen, quälen sich durch schlammige Wege. Selbst magere Kühe sah ich vor solchen Karren.

Vielerorts rauchen gewaltige Meiler, in denen die unvorstellbare Menge von Holzkohle entsteht, die zum dauernden Betrieb der Schmelzhütten nötig ist.

Hasselfelde, Kupferstich von Matthäus Merian aus der Topographie der Herzogtümer Braunschweig und Lüneburg, 1654

Die Köhler, Bergmänner, Schmelzer und Lohnarbeiter haben tagein tagaus schwere und gefahrvolle Arbeit zu verrichten. In ihrer kargen Mußezeit erfreuen sich viele von ihnen an der Zucht und am Gesang von Vögeln. Ob Diestelfink oder Dompfaff, ob Zeisig, Bergfink oder Rotkehlchen, der Gesang der eigenen kleinen Vögel ist

Schachpartie des Herzogs zu Braunschweig mit dem Ströbecker Bürgermeister Söllig im Schloss Blankenburg, Holzstich 1870

dem Harzer das schönste Konzert der Welt. Es heißt, die Bergleute nehmen ihre Vögel mit in den Schacht, um sich von ihnen vor giftigen Dämpfen warnen zu lassen.

In Hasselfelde nahm uns Monsieur *Goeze* auf einen Besuch bei seinem verehrten Amtsbruder Pfarrer *Valentin Söllig* mit. Der alte Herr war hocherfreut. Neben anderen erbaulichen Gesprächen erzählte er uns folgende sonderbare Geschichte:

Er wurde in Ströbeck, einem kleinen Dorf bei Halberstadt, als Sohn des dortigen Bürgermeisters geboren. Er hatte, wie es in diesem Orte seit alters her üblich ist, schon in früher Kindheit das Schachspiel erlernt.

Als im Jahre 1721 Herzog *Ludwig Rudolf von Braun-schweig* erfuhr, dass die Ströbecker Bauern mit lebenden Schachfiguren zu spielen pflegen, lud er sie als ein gro-ßes Curiosum nach Blankenburg auf sein Sommerschloss ein. Die Bauern kamen und präsentierten sich zur Freude der adligen Gesellschaft artig tanzend in ihren schönsten Schachkostümen. Am Ende forderte der Herzog, der das Spiel in exzellenter Weise beherrschte, den Bürgermeis-ter zu einer Schachpartie heraus. Der kleine *Valentin*, der seinen Vater begleitete, war damals gerade acht Jahre alt. Er beobachtete die nun ausgetragene Partie mit großer Aufmerksamkeit. Als das Spiel in seine entscheidende Phase rückte, stand der Bürgermeister im Begriff, einen falschen Zug auszuführen. Doch bevor er diesen Fehler begehen konnte, rief der Sohn mit lauter Stimme: „Vad-der mit Rat!"[11]

Der Bürgermeister besann sich, wählte einen anderen Zug und gewann die Partie.

Erstaunt und entzückt über die Klugheit des Knaben nahmen sich der Herzog und die Herzogin des kleinen *Valentins* an, schickten ihn auf eine gute Schule und lie-ßen ihn später Theologie studieren. Viele Jahre lebte er

Schloss und Stadt Blankenburg, Kupferstich von Eberhard Siegfried Henne, um 1800

danach als Hofdiakonus und Freund der herzoglichen Familie im Blankenburger Schloss, bis man ihn 1749 als Prediger nach Hasselfelde berief.

Während der Regierungszeit Herzog *Ludwig Rudolfs* liefen in Blankenburg manche Fäden der europäischen Politik zusammen. Schließlich war Herzogin *Christine Luise* die Großmama der Österreichischen Kaiserin *Maria Theresia*.

Über das Gesicht des alten Pfarrers legte sich ein stiller Glanz als er von den schönen Jahren in Blankenburg sprach. Wie oft war er durch die herrlichen Gärten spaziert, wie oft hatte er sich an der üppigen Pracht und Vollkommenheit der weitläufigen Anlage erfreut. Weltoffen war die Residenz – der Kunst und Wissenschaft zugetan. Noch heute, so betonte Pfarrer *Söllig* nicht ohne Stolz, habe er Kontakt zu den Enkeln der herzoglichen Familie.

Er kennt die schöne *Maria Antoinette von Branconi*, die linksgetraute[12] Frau des Herzogs[13], und ihren Sohn, um dessen Erziehung und Bildung der scharfsinnige *Eschenburg* sich kümmert.

Immer mehr ins Schwärmen geriet der alte Pfarrer, als er von seinem Schachdorf erzählte, woselbst vor gar nicht langer Zeit König *Friederich II.* eine Brettschlacht verloren hatte. Um das Jahr 1651 schenkte der Große Kurfürst[14] den Ströbeckern ob ihrer großen Besonderheit ein wertvolles Schachbrett samt Figuren aus purem Silber und bestätigte damit ihre hergebrachten Steuerprivilegien.

Der uralte Turm, in dem vor vielen hundert Jahren ein gefangener Slawenfürst den Bauern das Schachspiel beigebracht haben soll, wird als Attraktion noch heute den durchreisenden Fremden gezeigt. Bemerkenswert ist auch das Ströbecker Hochzeitsrecht, womit es folgende Bewandtnis hat: Will in diesem Dorf ein Bräutigam seine Braut heiraten, so muss er vorher gegen den Bürgermeis-

Maria Antonia von Branconi, Stahl-stich von August Weger, um 1840

ter eine Partie Schach spielen. Gewinnt er, kann er die Braut zum Traualtar führen, verliert er aber, so muss er einen gehörigen Obolus in die Gemeindekasse zahlen. Das ist in der Tat ein sonderbarer Brauch, wie man ihn wohl in der Welt kein zweites Mal findet.

Wir mussten Pfarrer *Söllig* zum Abschied versprechen, auf unserer Harzreise das vielberufene Dorf Ströbeck und auch das anmutige Städtchen Blankenburg mit seinem Schloss und den schönen Gärten zu besuchen. Und wenn wir schon in der Gegend sind, sollten wir das Kloster Michaelstein ansehen und die uralte Burgfeste Regenstein und die bizarren Felsen der Teufelsmauer und das Dorf Langenstein, wo Frau *von Branconi* vor wenigen Monaten ein Gutshaus gekauft hat etc.

Der alte Monsieur *Söllig* vermochte so mitreißend zu erzählen, dass uns der Abschied von ihm recht schwer wurde.

Als wir im südlichen Harz das kleine, in vier schmale Täler gezwängte Stolberg vor uns liegen sahen, erinnerte sich Pfarrer *Goeze* an einen Ausspruch *Martin Luthers*, der die Stadt, vom Berge aus gesehen, mit der Gestalt eines Vogels verglich: Das Schloss ist der Kopf, die zwei Gassen sind die Flügel, der Markt ist der Rumpf und die Niedergasse der Schwanz. In der Tat erhebt sich hoch oben, stolz wie das Haupt des Adlers, das große weiße

Schloss mit seinem runden Turm. Hier residieren die Grafen *von Stolberg-Stolberg*. In der Niedergasse wurde 1489 *Thomas Müntzer*, der streitbare Prediger für das Recht der Armen, der rebellische Gottesmann, der Fürstenfeind und Bauerngeneral geboren. Neben dem Schloss sind das Rathaus und die Münze ansehnliche Gebäude. Im Gasthaus aßen wir Stolberger Lerchen. Das sind aber keine Vögel, sondern kleine wohlschmeckende Würste, von denen die Brüder nicht genug bekommen konnten.

Am Hofe des Stolberger Grafen lebte als Barbier und Kammerdiener der Schriftsteller *Johann Gottfried Schnabel*, der in seiner „Wunderlichen Fata einiger See-Fahrer" vor mehr als vierzig Jahren das Ideal eines neuen Staates beschrieben hat. Monsieur *Goeze* sprach in löblichsten Worten über dieses Werk. Ferdinand und ich haben uns fest vorgenommen, es alsbald zu lesen.

Der Brocken als der höchste Berg des Harzgebirges hebt sich gleichsam wie der Meister über die anderen Berge

Stolberg, Lithografie von P. Blommers nach Carl Robolsky, um 1840

empor. Der Aufstieg führt über schmale Pfade, an Stein-
klippen vorbei durch Moorwiesen und dichte finstere
Wälder. Üppige Heidelbeersträucher locken den Wan-
derer vom Wege ab. Hier und da sieht man Torfstecher
bei der Arbeit. Je höher man kommt, je niedriger und
gebückter werden die Bäume. Wir erreichten den Gipfel
zur Mittagszeit – dreitausend und sechshundert Fuß über
dem Meer. Die Aussicht war herrlich. Ich kletterte auf
einen großen Felsbrocken und drehte mich einmal um
mich selbst. Egal in welche Richtung ich den Blick auch

Ansicht des Brockens von der Morgenseite, Kupferstich von Karl Mittag, 1828

wandte, vor mir lag stets das wunderbarste Panorama,
das man sich nur denken kann. Monsieur *Goeze* erzählte, dass er von diesem Gipfel aus sogar die Stadt Magdeburg schon gesehen habe, ohne Fernrohr. Der Wind
war kalt. Von Westen zogen dicke Nebelhaufen heran.
Ihr hochgetürmtes Grau ließ die entfernte Berglandschaft
mehr und mehr verschwinden. Der Sage nach sollen auf
dem Brocken die Hexen und Teufel zu Hause sein. Wen
wundert es da, wenn sich in den verstreut liegenden,
mächtigen Granitblöcken auch Hexenaltar und Teu-

Eingang zur Baumanns-Höhle, Radierung von Carl Schröder, um 1795

felskanzel finden lassen. Pfarrer *Goeze* zeigte uns einen über hundert Fuß langen Spalt im Gestein, das Schnee-loch genannt, worin wir, obgleich es hoher Sommer war, noch Eis und Schnee in großer Menge fanden. Von der Trinkquelle, die dicht unter dem Gipfel entspringt, geht das Gerücht, dass der Unerschrockene, der seine Hand tief hineinsteckt, pures Silber herausziehen kann. In etli-che Felsbrocken haben Besucher ihre Namen eingraviert, worunter sich recht honorige Personen finden lassen. Es gibt auch ein kleines Wolkenhäuschen, das wir beinahe aufsuchen mussten, denn innerhalb weniger Augenblicke waren wir in so dichten Nebel gehüllt, dass es schwer fiel, unsere kleine Reisegesellschaft zusammenzuhalten. Das Vergnügen war dahin.

Von dem höchsten Gipfel führte uns die Reise auch in die tiefsten Tiefen des Harzgebirges.
In Rübeland suchten wir *Valentin Becker*, einen rüsti-gen Steiger auf, der im alleinigen Rechte steht, Besucher durch das Labyrinth der geheimnisvollen Baumannshöh-

le zu geleiten. Der Sage nach soll ein armer Bergknappe namens Specus Bumannus auf der Suche nach Silbererz diese Höhle entdeckt haben. Mutig stieg er hinein, verirrte sich jedoch darin und wurde tagelang von bösen Gespenstern umgetrieben, bis er mit letzter Kraft den Ausgang finden konnte – dann starb er.

Wir mussten derbe Kittel überziehen und jeder bekam eine Bergmannslampe in die Hand. Die Knaben fanden das albern. Am Höhleneingang schlug der Steiger Feuer und entzündete unsere Lampen. Dann stiegen wir in das Felsenloch. Es wurde kalt. Der Gang zog sich eng und feucht dahin. Das Licht unserer Laternen malte geisterhafte Schatten an die Wände.

Schließlich gelangten wir in eine mächtige Halle, groß wie das Innere einer Kathedrale. In diesem Dome sieht man die wunderbarsten Tropfsteine. Sie hängen wie mächtige Eiszapfen von der Decke oder wachsen wie Säulen aus dem Grunde herauf. Da gibt es einen versteinerten Wasserfall, steinerne Kaskaden und einen wahrhaften unterirdischen See. Mitunter bilden die Tropfsteine merkwürdige Figuren, die unter Zuhilfenahme der eigenen Fantasie als Nonne, Weihkessel oder anderes zu deuten sind. Ich erkannte gerade einen Theatervorhang aus dünnem Stein, als unser Führer mit einem Paukenschlegel gegen einige Zapfen klopfte und auf dieser unterirdischen Harfe eine kleine Melodie erklingen ließ. Die ursprünglich milchig weiße Farbe der Tropfsteine ist an manchen Stellen vom Ruß der Fackeln früherer Besucher schwärzlich eingefärbt. Wir sahen Berge von Tierknochen, die vormals den Einhörnern zugeschrieben wurden, heute aber für Bärenknochen erkannt sind. Plötzlich schrie Martha auf und ruderte wild mit den Armen. Eine Flattermaus hatte sich in ihrem Haar verfangen. „So etwas geschieht im Sommer häufig", sagte *Valentin Becker* tröstend. „In der Höhle wohnen Abertausend von den

Biestern." Martha hat den Schreck schnell überwunden. An einem querliegenden Fels, das Ross genannt, kehrten wir um. Der weitere Weg über Leitern und an Seilen in die Tiefe hinab, schien dem Steiger für unsere große Reisegesellschaft zu gefährlich. Wir lohnten dem guten Manne seine Mühe und Umsicht, wie er es am Ende in einem Gedicht wünschte, mit einem Gläschen Wein und einem Vierteltaler.

Es war einmalig.

Clausthal mit der kleineren, aber älteren Schwesterstadt Zellerfeld ist von zahllosen Teichen und Gräben umgeben. Eine Windmühle steht auf der Bremerhöhe. Pochwerke, in denen Kinder die schwere Arbeit verrichten müssen, ziehen sich durch die Täler. Die Menge an Brenn-, Schmelz- und Treibhütten[15] ist unübersehbar. Aus ihren Schloten steigen dicke Qualmwolken empor, jede in einer anderen Farbe, alle von scharfem Geruch. Die Schmelzer halten lange eiserne Stangen in den Händen, womit sie zur rechten Zeit die untere Öffnung des Ofens aufstechen. „Acht gehabt!", rufen sie, bevor das glühende Metall herausschießt und sich zischend und funkensprühend in die trogartigen, auf dem Boden eingemauerten Formen ergießt.

Monsieur Oelschläger und Ferdinand fuhren in den Schacht der Grube Dorothea ein. Ein „Geschworener", wie man hier die obersten der Steiger nennt, führte sie. Als Ferdinand zurückkehrte, strahlte sein Gesicht vor Begeisterung. In großer Ausführlichkeit erzählte er mir, was er im Stollen gesehen und erlebt hatte. Insonderheit hatte es ihm die Wasserkunst angetan, die es vermag, wie er sagte, das Grubenwasser 76 Lachter[16] in die Höhe zu schieben.

Zufällig lernten wir Berghauptmann *von Reden* kennen, der im vergangenen Jahr am Clausthaler Gymnasium eine spezielle Bergschule eingerichtet hat. Bereitwillig zeigte er uns die Schulräume, worin auf sehr anschauliche Weise die komplizierte Kunst des Bergbaus gelehrt wird. Ferdinand hatte eine Menge Fragen an den guten Mann. Schließlich disputierten beide über die Möglichkeit, auch im Harz dampfgetriebene Maschinen zur Hebung des Grubenwassers einzusetzen, wie es neuerdings in England geschieht.

Am nordwestlichen Rand des Harzes schiebt sich wie ein großer runder Buckel der Rammelsberg in die Ebene. Zu seinen Füßen liegt die alte Kaiserstadt Goslar, von der es heißt, *Heinrich*, der erste Sachsenkönig, habe sie gegründet. Zum ewigen Ruhme hat ihr *Heinrichs* Sohn *Otto* verholfen. Auf dessen Befehl wurde mit der Silbererzgewinnung am Rammelsberg begonnen. Die Legende erzählt Folgendes: Einst zog der große Kaiser *Otto* mit seinem getreuen Jäger Ramm im Harzwald auf die Jagd. Am Rammelsberg verfolgten sie einen kapitalen Hirsch, der immer höher und höher hinauffloh. Bald war der Hang so steil, dass der Jäger zu Pferde nicht mehr folgen konnte. Flugs sprang er von seinem Rappen, band ihn an einen Baum und pirschte dem Wild zu Fuß nach. Es dauerte eine geraume Weile, bis der Jäger zurückkehrte. Wie staunte er aber, als er sah, was sein Pferd in der Zwischenzeit angerichtet hatte. Voll Ungeduld und Temperament hatte es mit den Vorderhufen im Waldboden gescharrt und dabei silberglänzendes Erz herausgeschlagen. Der Jäger zeigte diesen ungewöhnlichen Fund seinem Kaiser. *Otto* erkannte darin eine Silberstufe und gab Befehl, an der Stelle des Erzfundes ein Bergwerk aufzurichten. So geschah es. Seit dieser frühen Zeit wird auf dem Rammelsberg Erz gefördert.

Heute sagt man, dass im Rammelsberg mehr Grubenholz verbaut ist, als sich in der ganzen Stadt Goslar finden lässt. Endlos scheinen die Silber-, Kupfer-, Gold- und Bleivorkommen in diesem Gebirge. Die Gesamtheit der zahllosen Stollen ergibt das merkwürdigste Bergwerk der

Goslar, Gouache von Johann Heinrich Bleuler, um 1800

Welt. Die Bergleute jedoch, die Tag für Tag den Reichtum ans Licht fördern, leben in Dürftigkeit. Das war früher anders, erklärte Monsieur *Goeze* und zeigte uns die gewaltige Befestigungsanlage, die Wälle, Gräben, Mauern, Türme und Zwinger, die im Mittelalter gewiss eine reiche städtische Bürgerschaft schützten. Auch das ansehnliche Rathaus und das Haus der Kramergilde, mit den lebensgroßen Steinbildern früherer Kaiser erzählen von besseren Zeiten. Daneben findet man am Marktplatz einen uralten, aus Erz gefertigten Brunnen, über dem ein gekrönter Adler stolz seine Flügel spreizt. Heute wirkt die Stadt düster und gedrückt. Ihre berühmten Antiquitäten, die Kaiserpfalz und der Kaiserdom zeigen traurige Spuren **fortschreitenden Verfalls.**

Wolfenbüttel! Selbst vor dem Papa hatte Monsieur *Goeze* bis zuletzt dieses Reiseziel als eine besondere Überraschung geheimgehalten. Umso größer war unsere Freude, als er in Goslar plötzlich zu dieser Visite einlud und obendrein darauf bestand, nach den vielen Tagen des

Wanderns in zwei bequemen Mietkutschen zu reisen. So erreichten wir schnell und gut gelaunt die vormalige Residenzstadt Wolfenbüttel. Hier gibt es freundliche Straßen und ein prächtiges Schloss – wohl eines Königs würdig. Im ehemaligen Marstall und in der Rotunde, einem imposanten, speziell zu diesem Zwecke von Herzog *Anton Ulrich* errichteten Gebäude, befindet sich jene ungeheure Bibliothek, die man vor Zeiten unter die Weltwunder zählte. Sie geht auf den kunstsinnigen Herzog *August d.J. von Braunschweig-Wolfenbüttel* zurück und ist wohl die berühmteste Bibliothek Europas.

Große Männer wie *Wilhelm Leibniz* und *Gotthold Ephraim Lessing* waren und sind hier Bibliothekare. Monsieur *Goeze* hatte die Absicht, den ehrwürdigen *Lessing* zu besuchen. Welch eine Begegnung. Ich war aufgeregt wie ein kleines Kind. Leider konnte das Zusammentreffen nicht stattfinden, denn ein Bibliotheksdiener teilte uns mit, dass Herr *Lessing* zur Zeit bei der Witwe *König* in Hamburg weilte. Ein hintergründiges Lächeln flog über das Gesicht des jungen Mannes. Auf Monsieur *Goezes* Wunsch hin führte er uns durch alle Räume dieser wunderbaren Bibliothek, gab hier und da Auskunft, ver-

Wolfenbüttel, um 1730, Kupferstich von Martin Engelbrecht und Alexander Glässer nach Friedrich Bernhard Werner

Bibliotheksrotunde Wolfenbüttel,
Kupferstich von Johann Georg Schmidt
nach Anton August Beck, um 1720

Gotthold Ephraim Lessing, ge-
malt von Anna Rosina de Gasc
(Zuschreibung), um 1767

wies auf Besonderheiten und geleitete uns zuletzt in das herzogliche Schloss, wo in einigen Kammern besondere Raritäten aufbewahrt sind. Unter diesen Seltsamkeiten ist mir ein eiserner Stuhl in besonders schauriger Erinnerung, in dem die Ehebrecherin, Betrügerin und Alchimistin *Anna Marie Ziegler* im Februar 1575 gräulich verbrannt wurde.

Vom herzoglichen Wolfenbüttel führte uns der Weg ins gräfliche Wernigerode. Die Stadt liegt am Ostrand des Harzgebirges in einer Bucht, die sich zum flachen Lande hin öffnet und in eine fruchtbare Ebene übergeht. Hier haben seit alters her die Grafen zu Wernigerode und später die Stolberg-Wernigeröder ihren Stammsitz. Wir betraten die Stadt durch das alte Westerntor. Der Ort hat einen absonderlichen Geruch, der von den Bierbrauern, den Branntweinbrennern, den Tobakbeizern und Lohgerbern ausgeht.

Der Edelstein dieser Stadt ist das Schloss, das sich hoch über dem Ort auf den letzten Vorsprüngen des Gebirges erhebt. Es ist umgeben von einer herrlichen Gartenanlage

Wernigerode, kolorierte Radierung von unbekanntem Künstler, um 1780

mit Orangerie und Tiergarten, die, wie Monsieur *Goeze* versicherte, dem französischen Versailles im Kleinen nachgebildet ist.

Die Stadt schmiegt sich an den Fuß des Schlossberges. Hierselbst gefiel mir das Rathaus ausnehmend gut. Der herrliche Fachwerkbau mit seiner Freitreppe und den spitzen, schiefergedeckten Erkertürmen ist mit Figurenschmuck reich versehen. Die kunstvollen Schnitzereien zeigen Heilige, Handwerker, Narren und vieles andere mehr. Hoch oben unter dem Dach sah ich die Darstellung eines Liebespaars, das sich umarmt und küsst, wobei das Weib dem Manne keck in die Geldtasche greift.

Über der Eingangstür steht geschrieben:

> *Im selben Jahr – da dieses Haus erneut – ist auch*
> *noch wahr – der Spruch aus alter Zeit:*
> *Einer acht's – der andere betracht's – der dritte*
> *verlacht's – was macht's ?*

Ein kleiner Ausflug führte uns am Zilligerbach[17] aufwärts zu den Eisengruben des Hartenberges und des Büchenberges. Die ungewöhnliche Gewinnung des Erzes, das hier in mächtigen Lagern bis dicht unter die Oberfläche reicht, setzte uns in Erstaunen. Man fördert es nicht unter Tage, sondern gewinnt es in gewaltigen, kraterförmigen Brüchen, worunter einige von mehr als hundert Fuß Tiefe und sechshundert Fuß im Diameter halten. Alle hohen Schmelzöfen der Gegend werden von hier versorgt.

Auf dem Weg zurück nach Wernigerode wurde Thomas von einer Biene in den Nacken gestochen, worauf ihm in kurzer Zeit Hals und Gesicht furchtbar anschwollen. Der Kleine weinte und wimmerte vor Schmerz und Angst, während seine Augen langsam zuschwollen. Wir wussten ihm nicht zu helfen. Plötzlich, wie aus dem Boden gewachsen, trat ein krummes Mütterchen in unsere Mitte. Die runzelige Alte in schwarzem Kleid und schwarz und weiß gestreiftem Schultertuch hob den Tragkorb vom Buckel, steckte ihre lange hagere Nase hinein und zog eine Handvoll Kräuter daraus hervor.

Johann Wilhelm Ludwig Gleim, gemalt von Johann Heinrich Tischbein d. Ä., 1771

Die zerstampfte sie zwischen zwei Steinen in Windeseile zu einem Brei. Den Brei verrieb sie um die Stelle des Bienenstichs und wies uns mit dünner Fistelstimme an, Hals und Gesicht des Knaben mit nassen Tüchern kühl zu halten. Das Mittel schlug nach wenigen Augenblicken glücklich an. Bevor wir uns bei der Alten bedanken konnten, war sie verschwunden.

Halberstadt, Gouache von Johann Adam Breysig, 1802

Halberstadt mit seinen vielen Kirchen und Kapellen, war unser letztes Reiseziel. Hier besuchten wir *Gleim*, den Dichter und Sammler. Durch Monsieur *Goeze* hatte ich ihn bereits kennen und schätzen gelernt. Der liebe Mann ließ es sich nicht nehmen, uns selbst durch seine Stadt zu führen, uns Straßen, Plätze, treffliche Gebäude und auch den Dom mit seinem Schatz zu zeigen. Zum Schluss durchwanderten wir den neuen Park, den Domdechant *von Spiegel* im Süden vor der Stadt erschaffen lässt. Am Abend saßen wir im Hause *Gleims*, im Musentempel traulich beieinander,

von den Porträts der Freunde rings umgeben, als sich zur fortgeschrittnen Stunde der Domdechant *von Spiegel* zu uns fand. Wir lachten, sangen, deklamierten. Der süße Wein tat noch das Seinige dazu. In dieser heiter ausgelassenen Stimmung stach mich der Hafer, denn ich sagte: „Nun, verehrtester Freiherr *von Spiegel*, wir haben Ihren schönen Park gesehen, doch fehlt ihm, mit Verlaub, noch eben das Besondere."

Ernst Ludwig Christoph Freiherr von Spiegel zum Diesenberg, gemalt von Ernst Gottlob, 2. Hälfte 18. Jahrhundert

Das war vermessen. Der Angesprochene runzelte die Stirn. „Ihr urteilt über ein nur halb vollbrachtes Werk. Doch will ich Euch, verehrtes Fräulein, den Fehler gern vergeben, weil er der Unkenntnis entsprungen und noch dazu dem Wein geschuldet ist. Der Park am Kattfußberg, wie man ihn heute sieht, ist im Entstehen. Man merkt es wohl, die Bäume sind noch jung, die Statuen vom Wetter nicht gezeichnet. Ich habe den Plan, den Park um Vieles zu ergänzen. Hoch oben, auf dem höchsten Punkt des Berges soll noch ein schöner Aussichtsturm, ein Belvedere, entstehen und neue Grotten wie die Saldern'sche und Höhlen. Mein Baumeister, *Johann Christian Huth*, hat schon die Pläne ausgearbeitet. Und dann …"

Er zögerte. „Und dann, da seid gewiss, wird auch die Sensation nicht fehlen. Sie wird sich wahrhaft in die Riesen- und die Wunderwerke des Harzes fügen."

„Was wird es sein? Was ist geplant?", fragte ich aufgeregt.

Freiherr *von Spiegel* lachte amüsiert. Es war ein offenes, heiteres Lachen.

„Was es ist? Nun eben, – etwas Riesenhaftes."

Der Dichter *Gleim* blickte neugierig auf seinen Dienstherren.

„Sprecht doch Verehrtester, Ihr habt bisher ein Solches nicht erwähnt", bat er.

„Wenn ich's beschreibe, ist es halb so gut. Ihr sollt es sehen, jedoch erst morgen. Wir müssen eine kleine Reise unternehmen."

Mit Bedauern wandte der Herr Papa nun ein, dass er schon morgen um die dritte Mittagsstunde wichtiger Geschäfte wegen in Quedlinburg erwartet wird.

„Wie trefflich lässt sich oft das Angenehme mit dem Nützlichen verbinden", erwiderte Freiherr *von Spiegel*. „Der Ausflug wird Euch soviel Zeit nicht kosten."

Als der Domdechant die plötzliche Traurigkeit im Gesicht des Dichters bemerkte, sagte er: „Und Ihnen, ver-

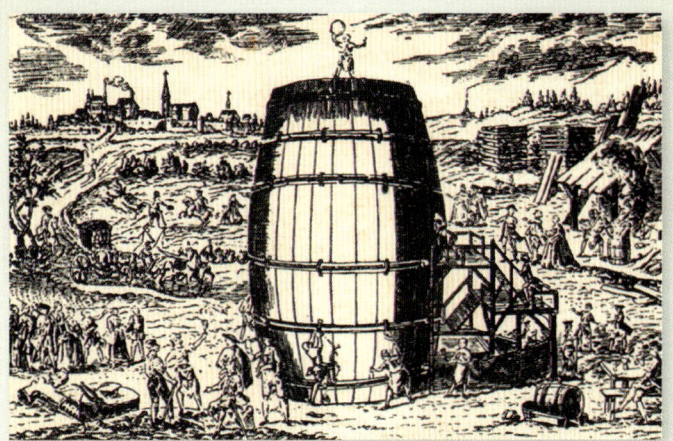
Bau des Riesenweinfasses, Kupferstich, 17. Jahrhundert

ehrter *Gleim*, ist diese Exkursion als Dienstobliegenheit
natürlich anbefohlen." *Gleim* lächelte zufrieden. Dann
gingen wir zu Bett.

Auf drei Kutschen verteilt fuhr anderen Tags unsere
Reisegesellschaft vermehrt durch den Dichter *Gleim* und
den Freiherrn *von Spiegel* durch das Kühlinger Tor aus
Halberstadt in Richtung Magdeburg. Noch hielt der
Domdechant das Reiseziel geheim. Nach zweistündiger
Fahrt ließ er die Kutschen im Orte Gröningen, vor einem
großen Gebäude halten. Trotz eingestürzter Dächer und
anderen Spuren fortgeschrittenen Verfalls, ließ sich die
ehemals prächtige Schlossanlage mit ihren vier imposanten Treppentürmen und den reich verzierten Portalen
noch erahnen. Freiherr *von Spiegel* führte uns zu einer
Tür im rechten Seitenflügel, öffnete und bat uns einzutreten. Da lag sie vor uns – die versprochene Sensation.
Mir stockte der Atem. Wie kleine Mäuse standen wir vor
einem Fass von unvorstellbarer, ja titanischer Größe.

„Dies Weinfass", sprach der Domdechant, „will ich,
wenn es der König denn erlaubt, schon bald in meinen

Halberstädter Park verpflanzen. Es soll daselbst im Keller des geplanten Schlosses stehen. Zum Zwecke des Transports wird man es wohl zerlegen müssen."

Ein kühnes Unterfangen, dem kühnen Manne angemessen. Wenn es gelingt, wird die Erinnerung an Bischof *Heinrich Julius*, der dieses Wunderfass um 1598 erbauen ließ, auf wirklich originelle Weise wachgehalten – als Sensation in *Spiegels* Park! Die Burschen waren begeistert. Sie hatten hundert Fragen, wollten wissen, wie viel Liter Wein das Fass wohl halte, wie schwer es ist, aus welchem Holze und zu welchem Zweck gebaut? Der Domdechant gab lächelnd Auskunft, während er uns in die zerfallene Schlosskapelle führte. Hier wies er auf den leeren Platz, wo ehemals ein weiteres Curiosum stand, die weltberühmte Gröninger Orgel. Die Halberstädter Bürgerschaft hat sie vor wenigen Jahren mit Erlaubnis des Königs in ihre Martinikirche übernehmen können.

Bevor wir in Gröningen voneinander Abschied nahmen, um nach Quedlinburg zurückzureisen, führte uns der Dichter *Gleim* vor das Geburtshaus seines Freundes *Leopold Friedrich Günther Goeckingk*. Mit liebevollen Worten lobte *Gleim* das Talent, den Fleiß und die Aufrichtigkeit des jungen Mannes. Zum Abschied trug er ein Epigramm aus dessen Sinngedichten vor:

Besser ist's, die Menschen sagen:
Dreimal mehr verdientest du,
Als dass Weise spöttisch fragen:
Sagt, wie kam der Narr dazu?

Wieder in Quedlinburg ward mir der Abschied von Ferdinand und Martha so schwer, dass ich davon nicht schreiben mag. Ferdinand versuchte mich zu trösten, obgleich ihm selbst das Wasser in den Augen stand. Die schönen Tage waren zu Ende. Wir werden uns bald wiedersehen.

Zum Abschied schenkte mir Ferdinand ein versiegeltes Papier, das ich erst nach seiner Abreise lesen sollte. Was konnte das sein? Tausend Dinge gingen mir durch den Kopf. Endlich erbrach ich das Siegel, sah, las und musste lachen. Das Blatt enthielt die in Thale verfasste Ballade. Sie ist diesem Brief als Abschrift beigefügt.

Mit den besten Wünschen und vielen Küssen
verbleibt in treuer Verehrung
Ihre Elisabeth

Ritter Bodos unglückliche Liebe

Einstmals war er ein Ritter,
War als tugendhafter Held im Land bekannt.
Bis Amors Pfeil ihn bitter
Tief in's Herz traf, da verlor er den Verstand.

Brunhilde hieß die Schöne,
Die er liebte, doch sie wies ihn eiskalt ab.
Sie war so furchtbar spröde,
Wie kein Weib er vordem je gesehen hat.

Nein, er konnt' ihr Herz nicht rühren,
Deshalb wollt' er sie entführen,
Wollt' sie fangen, wollt' sie schnappen
Und er jagt' mit seinem Rappen
Ihrem Ross nach, – ach, das war fatal,
– Denn er stürzte in das tiefe Bodetal.

Die Nymphen dort im Schlunde,
Sie ergriffen ihn mit eisig nasser Hand
Und zogen ihn zum Grunde,
Wo sein Ritterleben bald ein Ende fand.

Doch der böse Unfall brachte,
Ihm den Tod nicht, wie man dachte,
Denn der Nymphenzauber machte,
Dass sein Leben neu erwachte.
Dass er lebte in des Flusses tiefem Grund
Als ein riesengroßer, rabenschwarzer Hund.

Ferdinand

Der zwanzigste Brief vom Oktober 1776 gibt die durch Ferdinand geschilderten Eindrücke vom Leben an der Schule zu Kloster Berge in Magdeburg wieder. Dort hat der Theologe und Pädagoge *Friedrich Gabriel Resewitz* seit Sommer 1775 die Schulleitung übernommen. Nach dessen Amtsübernahme muss es, wie Ferdinand berichtet, zu Auseinandersetzungen von Lehrern und auch Schülern mit der Schulleitung gekommen sein. Viele Schüler haben in der Folge Kloster Berge verlassen. Monsieur *Goeze* kennt und schätzt *Resewitz*, der zwischen 1757 und 1767 Pfarrer in Quedlinburg war.
Der Freitod *Bachmanns*[18] wird mit großem Bedauern erwähnt.

Der einundzwanzigste Brief beschreibt die Entlassung Oelschlägers aufgrund vorgefundener anstößiger Schriften. Elisabeth erzählt, wie die Mutter durch einen Zufall im Zimmer des Hauslehrers auf ein Buch mit dem Titel „Der Große Klunkermuz"[19] stößt. Sie blättert in dem angeblich zur Besserung der Jugend verfassten Werk und ist entsetzt über den Inhalt. Dadurch aufmerksam geworden, sucht sie weiter und entdeckt neben der „Jungfer Robinsone"[20] auch noch die „Lebensbeschreibung der Fanny Hill"[21]. Zu allem Überfluss findet die Mutter bei weiterem Suchen ein Heft „Priapischer Oden"[22]. Diese Unzüchtigkeiten geben Anlass, Oelschläger aus dem Haus zu entfernen. Elisabeth bedauert die Entlassung sehr.
Ferdinand lässt sich unterdessen an der Universität zu Halle als Student der Theologie immatrikulieren. Die Herren *Funk*, *Zerrenner* und Elisabeths Vater zahlen ihm einen kleinen Unterhalt.
Aus dem Brief geht am Rande hervor, dass die Eltern auf eine Ehe Elisabeths mit einem „passenden" (d.h. der Familie genehmen) Schwiegersohn drängen. Sie lernen den Quedlinburger Tuchhändler *Johann Andreas Kranz* und dessen Gattin, *Johanna Maria*, kennen. Durch *Kranz* ergibt sich, wie Elisabeth es beschreibt, eine freundschaftliche Verbindung zu der Familie des Ballenstedter fürstlichen Kammerherrn von Schaeffer.

Stadt und Schloss Ballenstedt, Kupferstich aus Johann Christoff Beckmann: Historie des Fuerstenthums Anhalt, Zerbst 1710

Zweiundzwanzigster Brief, September 1778

Liebste Großmama!
Die wunderbaren Kinderjahre sind dahin. Vor mir liegen neue, unbekannte Wege. Bangigkeit überkommt mich. Dabei bin ich kein Mensch von ängstlichem Temperament. Sie kennen ja meine robuste Natur. Aber ein böses Erlebnis hat mich erschüttert und quält mich noch immer. Werde ich es je vergessen können? Gehört die Last der eigenen Schuld zum Erwachsenwerden? Wie elend schwer ist diese Last zu tragen und wie bitter liegt sie in der Seele. Schuld! Ihr zu entgehen, wünschte ich, auf ewig Kind zu bleiben!
Diesen Brief schreibe ich Ihnen aus der kleinen Residenzstadt Ballenstedt am Harz, wo ich seit vier Monaten im Hause der Familie Schaeffer lebe. In der Hoffnung auf einen gutsituierten Schwiegersohn haben mich die Eltern wie eine Salatpflanze aus Quedlinburg gezupft und in die Nähe des Anhalt-Bernburgischen Fürstenhofes verpflanzt. Sie glauben, dass ich fern von der Familie die Notwendigkeiten des Lebens schneller begreifen würde. Ich will nicht undankbar sein, doch zwischen ihren und meinen Vorstellungen vom Leben bestehen gravierende Unterschiede. Dem Himmel sei Dank; bisher haben sie

noch nicht versucht, mich in eine Ehe zu zwingen. Das wäre furchtbar.

Anfangs setzte mich der Verlust des warmen, liebgewordenen Nestes in melancholische Stimmung. Auch unser guter Praeceptor[23] fehlte mir sehr. Kürzlich schrieb Monsieur *Goeze*, dass Oelschläger in Wittenberg am Gymnasium eine Anstellung gefunden habe. Möge er dort mit allem Glück der Welt gesegnet sein.

Ballenstedt: Mein neues Domizil, das Haus des ehrenwerten Kammerherrn Zacharias Schaeffer, steht am Ende der Schlossstraße, die gegen Westen als anmutige Kastanienallee schnurgerade hinauf zum Wallberg führt, wo sich hoch über der Stadt das Schloss des Fürsten von Anhalt-Bernburg erhebt. Schaeffers Haus ist neu, großzügig und solide gebaut. Außen fehlt es ihm nicht an hübschem Fassadenschmuck, innen ist es geräumig und nach der Mode eingerichtet. Besonders reizvoll sind die mit Blumen und Rankenmustern üppig gestalteten Stuckdecken in Salon und Speisezimmer. Südlich hinter dem Haus liegt ein großer Küchengarten, der wiederum an einen Obstgarten grenzt. Hinter dem Obstgarten beginnt der Wald, worin riesige Wildgehege umgattert sind. Der Fürst liebt die Jagd über alles. Seit ihm vor neun Jahren die Gemahlin starb, lebt er allein auf dem Schloss. Ich sollte ihn bald kennenlernen.

Cecilia, die Tochter der Schaeffers (und ihr einziges Kind), ist ein sehr ruhiges Fräulein meines Alters, von schlanker Proportion und einem hübschen, stets blass gepuderten Antlitz. Auffällig ist ihre Verschlossenheit gegen jedermann, selbst gegen ihre Eltern. Sie ist in Sprachen, Literatur und den schönen Künsten gebildet, allein in den Dingen der Naturlehre mangelt es ihr verschiedentlich. Ihre pietistische Art scheint nicht von außen eingepflanzt, sondern aus ihrem frommen Herzen zu erwachsen. Schon nach wenigen Tagen hatte ich gelernt, einfühlsam und zärtlich mit Cecilia umzugehen und mich auf ihre sonderbaren Vorlieben einzustellen. Die größte Freude bereitet es ihr, mir die Haare zu bürsten. An manchem Abend, wenn ich zu Bett gehen will, schickt sie das Hausmädchen fort und stellt sich selbst als meine Zofe ein. Mit heiterem Sinn spielt sie mir die Dienerin. Unter dem Puder röten sich ihre Wangen.

Wir sind sehr vertraut miteinander, unternehmen vieles gemeinsam, doch mitunter fühle ich mich in ihrer Nähe wie eine Fliege im Spinnennetz.

Madame Schaeffer führt ein großes Haus. Ihre wöchentlichen Gesellschaftsabende sind schillernde Höhepunkte im täglichen Einerlei der kleinen Residenz. Man spricht über Kunst und Politik, disputiert Pikantes vom Hofe und weiß allemal Neues über die Missetaten des ruchlosen Wilddiebs zu berichten, der in den herrschaftlichen Forsten sein Unwesen treibt.

Mein Erscheinen lieferte neuen Gesprächsstoff. Für ein paar Wochen stand ich wie ein Zirkuspferd im Mittelpunkt der Gesellschaftsabende. Kammerratsgattinnen, Bergratswitwen und andere Standesmütter sahen in mir die ideale Braut für ihre (honore praefandus[24], trotteligen) Söhne. Es war nicht immer leicht, sich dieser Avancen charmant zu erwehren und die Herren auf Distanz zu halten. Leider, leider ist es mir nicht immer gelungen.

Es waren noch keine vier Wochen seit meiner Ankunft vergangen, als sich Frau von *Rauschenplatt* und der Legationsrat *Meyer*, die Erzieher des Erbprinzen *Alexius* und seiner Schwester, der Prinzessin *Pauline*, zu einer Geselligkeit bei Madame Schaeffer einfanden.

Sie müssen wissen, liebste Großmama, dass die Kinder des Fürsten (der Prinz ist elf und die Prinzessin neun

Alexius Erbprinz von Anhalt-Bern-
burg, Pastell von Ernst Gottlob, 1776

Pauline Prinzessin von Anhalt-Bern-
burg, Pastell von Ernst Gottlob, 1776

Jahre alt) seit dem frühen Tod der Fürstin *Louise Al-*
bertine ohne mütterliche Wärme aufwachsen. Madame
von *Rauschenplatt* versucht ihnen, so gut sie es vermag,
durch Hingabe, Ängstlichkeit und Strenge die Mutter zu
ersetzen. In den Sprachen, der Naturlehre, Philosophie
und den schönen Künsten werden die Kinder durch den
Legationsrat *Carl Christoph Meyer* und den Magister
Rohleder unterwiesen.

Madame von *Rauschenplatt* und Legationsrat *Meyer* ver-
wickelten mich in ein Gespräch mit rasch wechselnden
Themen. Ich nahm mit Vergnügen die Fäden auf, äußerte
meine Ansichten über *Christian Wolffs* Philosophie der
praktischen Vernunft, sprach über den Scharfsinn und
die genialische Spitzzüngigkeit des kürzlich verstorbenen
Monsieur *Voltaire* und äußerte mich über die Politik der
Zarin *Katharina* (übrigens eine Tante der Bernburger
Prinzen). Als das Gespräch auf den gerade geschehenen
Einmarsch der preußischen Truppen in Böhmen[25] kam,

verteidigte ich König *Friedrichs* Auftreten gegen Österreich. Monsieur Oelschläger hätte seine Freude an mir gehabt.

Erst als er zustimmend applaudierte, entdeckte ich den jungen Mann im Hintergrund des Salons. Langsam trat er in den Kreis der Disputierenden. Sein unverhofftes Erscheinen drohte mich für einen Augenblick aus der Contenance[26] zu bringen. Er war von mittelgroßem Wuchs und gutem Aussehen. Sein natürliches dunkelbraunes Haar trug er nach der Mode leicht gepudert zu einem Zopf gefasst, wobei kurze seitliche Locken der Haartracht ihre Strenge nahmen. In seinen hellbraunen Augen glomm etwas Rätselhaftes, Herausforderndes.

Der Legationsrat stellte mir den jungen Menschen als seinen Neffen Johannes Gerhard Meyer vor – ein Student, der sich in Göttingen auf die Jurisprudenz gelegt hatte und kurz vor seinem Magisterexamen stand. Im Verlauf des Abends unterhielt er uns mit interessanten Einzelheiten über das Göttinger Studentenleben. Voller Verehrung sprach er von Professor *Lichtenberg*, dessen vortreffliche physikalische Vorlesungen er regelmäßig besuchte. Ich hörte ihm zu und sah ihn an, wie er da vor mir stand: elegant gekleidet, liebenswürdig, mit guten Manieren und vorzüglicher Gestalt. Ich wollte Ferdinand nicht an ihm messen.

Beiläufig erwähnte der Studiosus seine Bekanntschaft mit *Johann Christian Dieterich* und *Johann Heinrich Voß*. Die Anwesenden blickten bewundernd zu ihm auf. Ein kurzes selbstgefälliges Lächeln flog über sein Gesicht. Etwas reizte mich, ihm das Feld nicht ohne Weiteres zu überlassen. Mit namhaften Personen konnte ich ebenfalls aufwarten, und so erzählte ich von meiner Freundschaft mit dem gelehrten Pfarrer *Goeze*, mit *Gleim* und dem Freiherrn *von Spiegel*. Cecilia, die an den Gesellschaftsabenden nicht von meiner Seite wich, berichtete mir später, wie Madame von *Rauschenplatt* förmlich die Ohren gespitzt hat, als sie die Namen *Gleims* und *Spiegels* aus meinem Munde vernahm.

Schon am nächsten Tag erschien Madame von *Rauschenplatt* mit den beiden fürstlichen Kindern in unserem Salon. In ihrer Gesellschaft befand sich der Göttinger Student Johannes Meyer. Die Hofdame stellte mich dem Erbprinzen und der Prinzessin vor. Cecilia war entzückt über diesen unerwarteten Besuch. Prinzessin *Pauline* ist ein selbstbewusstes kleines Fräulein mit durchaus standesgemäßem Auftreten. Ihre Körperform neigt ein wenig zur Fülle, dennoch ist sie behände wie ein Wiesel. Johannes behauptete halb im Scherz, sie könne besser mit dem Degen umgehen, als mancher Soldat. Sie widersprach nicht. Trotz ihres geringen Alters ist sie in der Religion, den Künsten und in Staatsdingen schon recht fortgeschritten. Ihr Bruder, Erbprinz *Alexius*, obwohl zwei Jahre älter, ist ihr in nichts voraus. Der Prinz leidet seit früher Kindheit an einem kranken Bein. Er musste sich schon mancher ärztlichen Kur unterziehen, die ihm das Leiden doch nicht verringern konnte. Vielleicht ist er auch deshalb zarter und ruhiger als seine Schwester.

An diesem ersten gemeinsamen Nachmittag las ich den fürstlichen Geschwistern aus der Persischen Reise des *Adam Olearius* vor. *Pauline* gestand mir, dass sie Reisebücher über alles liebe. Sie würde, das stand für sie fest, später eine herrliche Bibliothek zusammentragen. Den Grundstock dazu hätte sie schon. Johannes erzählte von der abenteuerlichen Reise des *Georg Forster*, dessen aufsehenerregendes Buch in England die Leser begeisterte und das demnächst in deutscher Sprache erscheinen sollte. Er würde sich glücklich schätzen, wenn er der Prinzessin baldmöglichst ein Exemplar überreichen dürfte. *Pauline* hatte nichts dagegen. Sie wollte den braven Jungen nicht hindern, sich glücklich zu schätzen.

Obgleich keiner von uns das Buch kannte, wusste doch jeder über die abenteuerlichen Entdeckungsfahrten des berühmten Kapitän *Cook* zu erzählen. Und bald durchzog Madame Schaeffers Salon ein wunderbarer Hauch von Südsee. Auf Robinsons Insel versetzt, fanden wir uns tief in die interessantesten und gefährlichsten Abenteuer verstrickt.

Diesem wirklich schönen Nachmittag sollten noch viele folgen, in denen Prinzessin *Pauline*, Erbprinz *Alexius*, Cecilia, Johannes und ich die erbaulichsten Stunden miteinander verbrachten, wobei Madame von *Rauschenplatt* die Aufsicht über das fürstliche Geschwisterpaar schließlich völlig in unsere Hände legte. Cecilia und ich bereiteten diese Nachmittage, die wir, weil sie regelmäßig dienstags stattfanden, Dienstagsgesellschaft nannten, gewissenhaft vor. Nach den Reisebüchern beschäftigten wir uns für ein paar Wochen mit der Kunst des Zeichnens. *Pauline* hatte die Idee, mit unseren Bildern eine Ausstellung zu veranstalten, danach die Werke zu verkaufen, um den Erlös in die hiesige Armenkasse zu geben. Um von seinem mangelnden Talent im Zeichnen abzulenken, begann Johannes mit der Vorführung physikalischer Experimente. Eine Sache war darunter, die mich recht in Erstaunen versetzte. Der Studiosus hatte unter Verwendung bester venedischer Bartseife (die herrlich nach Mandeln roch) einen Schaum erzeugt, aus dem wir, auf sein Geheiß, mit Strohhalmen große Seifenblasen hervorblasen sollten. Das gelang leicht und machte Spaß. Die buntschillernden Blasen schwebten, kaum hatten sie den Halm verlassen, langsam zu Boden. Jetzt erzeugte Johannes in einer Glasflasche aus Zinkspänen und einer Portion Salzgeist[27] hellen Rauch, den er durch einen Strohhalm in den Seifenschaum leitete. Wieder entstanden Seifenblasen, die jedoch nicht nach unten sanken, sondern rasch hinauf schwebten, wo sie sich an der Stuckdecke des Salons sammelten. Ein wirklich erstaunliches Phänomen.

„Auf diese Weise wird sich der Mensch schon bald in die Lüfte erheben", behauptete Johannes, wobei er gewiss eine der kühnen Hypothesen Professor *Lichtenbergs* zitierte. Zum Schluss hielt der übermütige Kerl unter die hinaufschwebenden Seifenblasen eine Kerzenflamme, worauf es so höllisch knallte, dass Cecilia, kalkweiß vor Schreck, den sofortigen Abbruch des Experiments forderte. Weitere physikalische Darbietungen gab es nicht mehr in Madame Schaeffers Salon.

Nach dem kurzen Ausflug in die Naturlehre schlug Prinzessin *Pauline* vor, Theater zu spielen. Dabei dachte sie nicht an *Shakespeares* oder *Lessings* Werke, auch nicht an das Stellen lebender Bilder.[28] Nein, sie hatte eine neue Idee. Ihrer Eigenwilligkeit folgend, sollten wir uns an die dramatische Umsetzung von Gedichten wagen. Wir stimmten zu und begannen, nach einem geeigneten Werk zu suchen. Bald war es gefunden. Wir wollten die Ballade Lenore von *Gottfried August Bürger* spielen. Bevor wir mit großer Begeisterung zu proben begannen, vergab *Pauline* die Rollen: Sie selbst spielte Lenore, die Titelheldin, ich die Mutter, *Alexius* wollte unbedingt Wilhelm, der Kriegsheld, sein, der seine Geliebte zum schaurigen Ritt in die Gruft führte. Johannes sollte den Pfarrer spielen, den es zwar in dieser Ballade nicht gibt, der aber, nach *Paulines* Ansicht, als Repräsentant des göttlichen Prinzips durchaus eine Verkörperung finden sollte. Cecilie mit ihrer weichen melancholischen Stimme wurde zur Sprecherin bestimmt.

Prinzessin *Pauline* bemühte sich, neben ihrer Rolle auch die kunstgerechte Umsetzung des gesamten Stückes zu besorgen.

Alexius hatte eine Ofenbank herbeigeschafft, die ihm das Pferd ersetzte. Im Sattel dieses Gaules klebend, sprach er dann seinen Text mit düsterer Grabesstimme recht passabel. *Pauline* spielte mit so viel Leidenschaft, dass am Ende der lieben Cecilia regelmäßig heiße Tränen über die Wangen rollten.

Meiner Rolle gemäß, war ich bemüht, mich in die Seele der besorgten Mutter zu versetzen – versuchte tröstend, mitfühlend, ängstlich und schließlich aufs Äußerste entsetzt die Tochter vor dem Untergange zu bewahren. Da die Mutter Erlösung und Hoffnung für ihre Tochter allein im redlichen Glauben sah, stand Johannes als Pfarrer (allegorisch gemeint und praktisch getan) während unseres Spieles dicht hinter mir. Wie zufällig berührte er meinen Arm, meine Hand, meine Schulter.

An ihm war es, die letzte Strophe, die der Dichter den Gruftgeistern zugedacht hatte, zu sprechen:

> *„Geduld! Geduld! Wenn's Herz auch bricht!*
> *Mit Gott im Himmel hadre nicht!*
> *Des Leibes bist du ledig;*
> *Gott sei der Seele gnädig!"*

Nicht einmal die aufmerksame Cecilia bemerkte, wie nahe mir Johannes bei diesen Worten kam. Langsam wuchs eine sonderbare Vertrautheit zwischen ihm und mir. Er fand immer neue Gründe, mich außerhalb der Gesellschaftsnachmittage in Schaeffers Haus aufzusuchen. Wir tranken Tee und disputierten in heiterem Gespräch über *Rousseaus* hinreißenden Roman „La Nouvelle Héloïse"[29] und *Christoph Martin Wielands* „Musarion".[30] Eines Tages überraschte er mich mit der ersten deutschen Ausgabe von *Georg Forsters* Reise um die Welt. Mit glühendem Eifer vertrat er *Forsters* Meinung, dass die Herrschenden in aller Welt, auch in der Südsee, sich menschlich gegen ihre Untertanen verhalten sollten. Während Johannes gleiches Recht für alle Menschen verlangte und, mit feurig kühnen Worten die Standesschranken überwindend, ein christlich brüderliches Band heraufbeschwor, – legte er seine Hand auf die meine. Aus Schicklichkeit, Cecilia saß bei uns, entzog ich sie ihm.

An diesem Abend erreichte mich ein Brief von Ferdinand. Er klagte über die geistige Enge an der theologischen Fakultät. Jede Zeile des Briefes ließ mich seinen wachsenden Widerwillen gegen das Theologiestudium spüren. Mehr als die Sorgen um Ferdinands schwindenden Lerneifer erschreckte mich jedoch etwas anderes. Zum ersten Mal wurde mir bewusst, dass ich an diesem Tage nicht ein einziges Mal an ihn gedacht hatte.

Wir zeigten unser Balladenspiel auf der nächsten Abendgesellschaft in Madame Schaeffers Salon. Die Gäste waren entzückt, Prinzessin *Pauline* aber sann auf Neues. Am folgenden Dienstag unterbreitete sie uns, glühend vor Begeisterung, ihre Idee: Ein Puppenspiel mit richtigen Marionetten. Das Stück wollte sie selbst verfassen. Bisher hatte sie jedoch noch keine Vorstellung, wovon das Spiel handeln sollte. Jetzt wurde Prinz *Alexius* lebhaft. Er schlug vor, über einen bösen Wilddieb zu erzählen, der dem Grafen die Jagdreviere leer räubert, die kapitalsten Hirsche erlegt und den Forstmeister, der ihn stellen will, mit einem frevlerischen Büchsenschuss auf den Tod verwundet. Der Bösewicht sollte im weiteren Verlauf des Stückes die schöne Tochter des Müllers entführen, den besorgten Vater mit einem Säbel niederstechen, die Mühle anzünden und am Ende vom Teufel, dem er sich vor Jahren schon mit Haut und Haar verschrieben hat, geholt werden. Eine richtig schaurige Tragödie, die auch dem Grafen, der die Wilddiebe aus tiefster Seele hasst, gefallen würde.

Die angedeutete Geschichte fand allgemeine Zustimmung und wurde lebhaft ausgebaut. *Pauline* und *Alexius* wollten gemeinsam das Textbuch entwerfen.

Auf die Frage aber, woher die entsprechenden Gliederpuppen zu beschaffen wären, wusste niemand eine Antwort. Ratlos blickten wir uns an. Da trat Berte, die alte Scheuermagd, die bisher unbemerkt den Kaminsims gesäubert hatte, in unseren Kreis.

„Verzeihung", sagte sie und begann, ihre nassen Hände an der Schürze abzutrocknen. „Die Piepersche in der Wallstraße, neben dem Seilerhaus, die kann das."

„Was kann die?", fragte Cecilia spitz.

„Baut Puppen, die Gevatterin. Schöne Theaterpuppen", antwortete die Gefragte im breiten Dialekt des Ostharzes. Nach kurzem Räuspern fuhr sie mit geheimnisvoller Flüsterstimme fort: „Aber gebt Acht. Gebt gut Acht. Bei der Pieperschen soll es nicht ganz geheuer sein. Manche Nacht hört man grulichen Speukenkram[31] in ihrem Haus. Gelobt sei der Herr. Besser, Ihr geht am hellen Tage hin." Darauf wandte sie sich wieder ihrer Scheuerarbeit zu.

Pauline war begeistert. Eine Frau aus dem Volke, bei der es nicht geheuer war, das weckte ihre Neugier. Aufgeregt tanzte sie von einem Bein auf das andere. Madame *von Rauschenplatt*, die eben den Salon betreten hatte, mahnte zur Besonnenheit und setzte unserem Gesellschaftsnachmittag ein Ende. Die fürstlichen Geschwister waren schon auf dem Weg zur Kutsche, als mich die Kammerfrau zur Seite nahm und eindringlich bat, alle Umstände dieser Puppenmacherin erst gründlich zu prüfen, bevor man daran denken könne, die Kinder in dieses Haus zu führen.

Die Bitte war mir lieb. Anderentags zur frühen Nachmittagsstunde ging ich in die Stadt, wandte mich gegen den alten Markt und von dort nach Süden zum Wall.

Neben der Seilerwerkstatt fand ich das kleine Haus, wie es die alte Magd beschrieben hatte, grau und gebückt in der Häuserzeile unweit der längst nicht mehr wehrhaften Stadtmauer.

Auf mein wiederholtes Klopfen öffnete eine Frau von etwa sechzig Jahren langsam die Tür. Sie trug Kleid und Schürze wie die meisten Frauen aus dem gemeinen Volke. Auffallend waren nur die leuchtend blauen Bänder an ihrer grauen Haube. Trotz des leicht gebeugten Oberkörpers wirkte sie kraftvoll und keineswegs greisenhaft. Sie musterte mich, wie man einen ungebetenen Gast mustert. Ich grüßte freundlich und fragte, ob sie mir Gliederpuppen verkaufen könnte.

„Marionetten?", wiederholte sie und lud mich mit knapper Geste ins Haus. „Was braucht das gnädige Fräulein denn für Puppen?"

Ich zählte aus dem Gedächtnis die Personenliste unseres Stückes auf: „Förster, Wilddieb, Magd, Müller, des Müllers Tochter, einen Hirsch mit stattlichem Geweih ..."

Sie winkte ab. „Das sind zu viele. Solche Puppen habe ich nicht. Allenfalls könnte ich Euch mit dem Förster und einem Wildschützen dienen. Die hätte ich. Aber die anderen. Nein. Die müssten erst angefertigt werden."

Ich erkundigte mich, wie lange das dauern würde.

„Das kommt auf Eure Wünsche an, gnädiges Fräulein", erwiderte sie, trat mit wenigen Schritten in die hintere Ecke des Zimmers, öffnete dort eine Truhe und entnahm daraus zwei Marionetten. Während sie bemüht war, die Fäden zu ordnen, drangen plötzlich scharrende Geräusche und absonderlich gurgelnde Laute aus dem Nebenzimmer.

„Was ist das?", fragte ich und mir fielen die Worte der alten Scheuermagd ein.

Ohne zu antworten ließ die Frau beide Puppen vor meinen Augen auf und ab marschieren.

„Das könnte der Wilddieb sein und dies der Förster",
sagte sie, wobei sich die jeweilige Puppe tief vor mir ver-
neigte.

Das sah sehr lustig aus. Lachend widersprach ich. „Nein,
dieser hier ist der Wilddieb. Der hat so horrible Gesichts-
züge, das entspricht seinem bösen Charakter. Der mit
dem heiteren Antlitz ist der Förster."

Sie sah mich erstaunt an. „Ach? – Erzählt mir von dem
Stück, das gespielt werden soll", bat sie.

Voll Eifer rollte ich unsere Geschichte vor ihr aus, sprach
vom schändlichen Wilddieb und dem edelmütigen Förster, von der entehrten Tochter und dem ermordeten Müller.

Die Frau unterbrach meinen Redefluss: „Dann handelt
Eure Geschichte von keinem Wildschütz, sondern von
einem gemeinen Haderlumpen, von einem feigen Maro-
deur oder Straßenräuber. Der Wildschütz ist edel. Er tut
keinem armen Menschen etwas zu leide. Er ist wie einst
die Harzschützen[32], gut und gerecht, nimmt dem Reichen
und gibt den Armen. Er hilft den Witwen und Waisen,
die ohne ihn niemals ein ordentliches Stück Fleisch in den
Topf bekommen würden. Manch arme Wöchnerin erret-
tet er mit einem Hasen oder ein paar Talern aus größter
Not. So ist der Wildschütz im Harz."

Der Enthusiasmus dieser Frau ließ mich lächeln. Meine
Gedanken glitten zwischen Obrigkeit und Volk hin und
her. Von den Fürsten verteufelt, ist der Wilddieb in den
Augen der einfachen Leute ein Held. Ist denn Gut oder
Böse lediglich eine Frage des Standpunktes? Oelschläger
hatte mir vor vielen Jahren von einem englischen Volks-
helden erzählt, der geächtet und verfolgt im Walde lebte,
der den Reichen nahm und den Armen gab. Das soll zu
Zeiten des *Richard Löwenherz*' gewesen sein.

Wie oberflächlich ist dagegen unsere Geschichte vom guten Förster und vom bösen Wilddieb, dachte ich. Wieder

drangen gurgelnde Schreie aus der Kammer. Der Lärm riss mich aus meinen Gedanken. „Was ist das?", fragte ich.

Die alte Frau blickte mich an. Sie schien unsicher. „Wollt Ihr es wirklich sehen?"

„Ja", antwortete ich fest.

Langsam ging sie in den hinteren Teil des Wohnraumes und öffnete eine verriegelte Kammertür. Mit allem hätte ich gerechnet, nicht aber mit dem, was ich jetzt sah. Ihre Haut war blassweiß und ihr schwarzes Haar nicht länger als die Nadeln eines Tannenbaumes. Von jedem mimischen Ausdruck entleert, glitt ihr Blick durch den Raum, so, als sähe sie durch die Dinge hindurch in eine andere, unbekannte Welt.

„Das ist Sophia", erklärte die Frau, „ihre Mutter war meine jüngste Schwester – ist im Kindbett gestorben, vor siebzehn Jahren. Wenn Besuch da ist, schließe ich sie ein. Die Leute gehen weg und kaufen nichts, wenn sie da ist."

Obgleich von der Frau genannt, war in den ausdruckslosen Gesichtszügen des Mädchens kein Alter abzulesen. Sie trug ein hellgraues, leicht ausgestelltes Kleid, das Knöchel und Füße nicht bedeckte. Ohne Notiz von uns zu nehmen, trat das Mädchen Sophia an die geöffnete Truhe, griff hinein und zog eine alte Stoffpuppe hervor. Als ich mich ihr zuwandte, um ihr einen Gruß zu sagen, wich sie, einen kehligen Laut ausstoßend, mit katzenhafter Schnelligkeit zurück. Mit der Puppe im Arm, kauerte sie sich in die hintere Ecke des Zimmers, wobei ihr Oberkörper pausenlos in stets gleichem Rhythmus vor und zurück schaukelte.

„Sie ist verrückt", sagte die Frau mit trauriger Gelassenheit. „Etwas hat ihren Geist verwirrt. Dabei war sie so ein liebes Baby. Mit zwei Jahren hat sie gesprochen und gespielt wie alle Kinder. Dann hat sie sich verändert. Der liebe Gott allein weiß warum."

Übergangslos fiel Sophia in ein anderes Verhalten. Sie legte die Puppe aus der Hand und zog unter einem flachen Tisch, auf dem zwei hölzerne Eimer standen, eine tellergroße Schieferplatte hervor. Mit einem Kalkstein begann sie, darauf herumzumalen, wobei ihr Rumpf abermals in ein gleichmäßiges Schaukeln verfiel.

„Sie malt gern", sagte die Frau und lenkte das Gespräch wieder auf die herzustellenden Puppen. Sophia beschäftigte sich in ihrer dunklen Ecke mit der Schieferplatte.

Der Hirsch, den Prinz *Alexius* ausdrücklich wünschte, bereitete der Puppenmacherin Kopfzerbrechen. Tiermarionetten hatte sie noch nie gebaut. Sie versicherte aber, einen stattlichen Zwölfender zuwege zu bringen, wenn wir ihr nur genügend Zeit einräumen würden. Der Hirsch sollte mit zwei, jede andere Puppe mit einem halben Taler bezahlt sein. Die Hälfte des Geldes verlangte sie im Voraus. Wir waren uns einig. Ich hatte die Summe nicht parat, verabredete deshalb am nächsten Tag einen erneuten Besuch.

Das Wesen der Frau hatte sich verändert. Sie war jetzt um vieles freundlicher als zu Beginn meines Besuches. Mit einem kleinen Lächeln gab sie mir zum Abschied die Hand. Bevor ich gehen konnte, huschte das Mädchen Sophia aus ihrem Winkel hervor und legte ihre Schieferplatte in die Mitte des Raumes. Es war kein Interesse an der Krakelei, es war Höflichkeit, die mir gebot, einen kurzen Blick auf diese Tafel zu werfen. Um so mehr erschrak ich über das, was ich da sah. Es war, – es war mein Gesicht, so exakt in seinen Proportionen nachgezeichnet, dass ich glaubte, in einen steinernen Spiegel zu sehen. Mir wurde heiß.

Die Frau schien ebenfalls verwundert.

„Sophia hat noch nie einen Besucher gemalt", sagte sie.

Wir verabschiedeten uns. Beim Hinausgehen stieß ich mit einem Mann zusammen, der gerade im Begriff war, die Hütte zu betreten. Überrascht prallte ich zurück. Der

Mann hatte die Statur eines Waldarbeiters, sein wetter-
gebräuntes Gesicht und die kräftigen Hände deuteten auf
eben diese Profession. Er trug eine große, mit Heu gefüll-
te Kiepe auf dem Rücken. Ebenso wie ich von dem Zu-
sammenstoß überrascht, fand er schnell die Worte wieder. „Will denn der helle Sonnenschein die triste Hütte
schon verlassen?", fragte er scherzend.
„Die Sonne kann nicht stille stehn", erwiderte ich keck.
Er respondierte[33] prompt: „Sagt schönes Fräulein, lenktet
Ihr den Schritt in diese niedrige Hütte, um uns den trü-
ben Tag mit eurem honigsüßen Abbild zu verzaubern?"
Er hatte die Kiepe vom Rücken genommen und neben die
geöffnete Truhe gestellt.
Der Kerl ist amüsant, dachte ich. Löffelt wie Cupido.[34]
„Dieser Flegel ist mein Neffe, Hans Weddinger, Sophias
Oheim", erklärte die Puppenmacherin. „Kann das Char-
meuren[35] nicht lassen, der Auerhahn. Wenn er nicht just
mit Süßholzraspeln seine Zeit vertut, schichtet er Mailer,
oben bei Mägdesprung. Bringt uns Heu und manches
Stückchen Kohle aus dem Walde mit herunter."
Mir gefiel die lustige Art dieses Mannes. Er war etwa
dreißig und hatte Augen, die geheimnisvoll und fröhlich
in die Welt blickten.

Am folgenden Tag ging ich erneut in die Wallstraße, die
erste Hälfte der ausgehandelten Summe zu entrichten.
Prinzessin *Pauline* bestand darauf, mich zu begleiten. Als
wir das kleine Haus der Puppenmacherin betraten, griff
sie nach meiner Hand. Die Prinzessinnenhülle war von
ihr abgefallen. Da stand nur noch das Kind, das Mädchen *Pauline* neben mir. Während der gesamten Zeit unseres Besuches blieb sie still und zurückgenommen.
Um der Puppenmacherin eine Freude zu bereiten, stellte
ich Gebäck und eine Dose frisch gerösteten Kaffees auf
den Tisch. Überdies hatte ich noch weißes Zeichenpapier

und gute Reißkohle mitgebracht. Es war ein Versuch. Sophia beobachtete aus einiger Entfernung, wie ich mit der Kohle zu zeichnen begann. Langsam kam sie näher. Ohne aufzublicken, schob ich ihr Kohle und Papier hinüber. Sie griff danach, lief flugs in ihre Ecke und schickte sich an, es mir im Zeichnen gleichzutun. Doch die weiche Reißkohle brach ein ums andere Mal. Sie gab nicht auf. Mit wunderbarer Geduld lernte das Mädchen Sophia die Kohle zu beherrschen.

Ihr erstes Bild zeigte Blumen, eine Vielzahl von Blumen um eine große Mohnblüte gerankt. Und es war sonderbar, denn fast schien es, als schimmerte ein Lächeln aus den Blumen hervor. Sophias Gesicht blieb ausdruckslos, doch ihre Blumen trugen ein Lächeln.

Just im Augenblick, als wir die Puppenmacherin verlassen wollten, betrat Hans Weddinger den Raum. In Gegenwart der Prinzessin hielt er sich mit scherzhaften Worten zurück.

Die Muhme zeigte ihm das Blumenbild. „Das hat Sophia gemalt", sagte sie.

Er betrachtete die Zeichnung. Für einen Augenblick stieg feuchter Glanz in seine Augen.

Prinzessin *Pauline* hatte mit größter Aufmerksamkeit das Geschehen beobachtet. Auf dem Heimweg sagte sie nachdenklich: „Diese Sophia ist nicht verrückt, sie ist nur anders als wir."

Ich stimmte ihr zu.

Um das Entstehen unserer Marionetten zu beobachten, fand ich mich oft im Haus der Puppenmacherin ein. Soweit möglich, begleitete mich Prinzessin *Pauline* dabei. Manchmal schloss sich uns Johannes, der weltgewandte Student, an.

Das Zeichnen mit Sophia hatte sich in kleinen Ansätzen zu einer Art Gedankenaustausch entwickelt. Sobald Hans Weddinger die Wohnung der Puppenmacherin betrat, zog silberhelle Fröhlichkeit herauf. Schon fehlten mir an Tagen, wo er ausblieb, unsere galanten Wortgefechte.

Dann nahm das Verhängnis seinen Lauf. Ohne Begleitung hatte ich, wie so oft in den letzten Wochen, das Haus in der Wallstraße aufgesucht. Die Puppenmacherin stand am Herd, während ich zeichnend neben Sophia am Tische saß, als Hans eintrat und sich anschickte, seine Kiepe auf die Truhe zu stellten. Durch eine unachtsame Bewegung stürzte der Korb herab, so dass sich sein eben noch unter Reisig und Heu verborgener Inhalt auf den Boden ergoss. Für Sekunden herrschte Totenstille. Entsetzt starrte ich auf die Kadaver. Da lag ein kleines Wildschwein neben zwei Hasen tot vor meinen Füßen. Die Puppenmacherin warf das Wildbret eilends zurück in den Korb. Ich konnte es nicht begreifen. War Hans Weddinger der gesuchte Wilddieb?
Am späten Nachmittag erzählte ich, noch immer aufgewühlt, Johannes von meiner Entdeckung. Er hörte mir aufmerksam zu.

Tags darauf erschien die Puppenmacherin in Schaeffers Haus, die letzte Marionette abzugeben und die ausstehende Summe zu empfangen. Sie sah furchtbar aus.
„Was ist Euch geschehen?", fragte ich.
„Wisst Ihr das nicht?", fragte sie kalt zurück.
„Was soll ich wissen?"
„Sie haben ihn abgeholt. Sechs Männer von der Schlosswache. Kamen in der Nacht, haben alles durchwühlt, haben Sophia geschlagen, die elenden Hunde. Niemand wusste, dass er bei mir war – nur Ihr!"
Sie spie vor mir aus, nahm das Geld und verschwand.
„Ich habe ihn nicht verraten", brüllte ich ihr zornig nach.
Doch dann begriff ich. Er war es. Er war der Judas!

Ich wünschte dem Studiosus Johannes Meyer die Pest an den Hals, die schwarze elende Pest. Mir kamen seine Berührungen in den Sinn, sein warmer Atem in meinem Nacken, seine Vertraulichkeiten. Ein bitterer, unbeschreiblicher Ekel stieg in mir empor. Wie konnte ich für diesen Menschen Sympathie empfunden haben? Wie konnte ich ihn nur entfernt mit Ferdinand vergleichen? Wie konnte ich?!

Oh nein, ich frage diesen Buben nicht WARUM? Weiß seine Antwort ohnehin, die sich mit Pflicht und Schuldigkeit vor Gott und dem Gesetz erklärt. Was kümmert es ihn, dass ich befleckt in tiefer Schuld versinke.

Ich bin durch diesen Teufel schuldig geworden. Schuldig an Hans Weddinger, schuldig an der Puppenmacherin, schuldig an der armen Sophia, und schuldig an Ferdinand.

Weil ich dem falschen Mann vertraut habe, müssen sie leiden. Ihr Elend geht auf meine Rechnung. Ich schäme mich. Cecilias fordernde Nähe wird mir mehr und mehr zur Last. *Pauline* und *Alexius* kommen nur noch selten zu uns. Ich will hier weg.

Mit herzlichsten Grüßen verbleibt in Liebe
Ihre unglückliche
Elisabeth

Hier endet vorerst die Geschichte von Elisabeth. In Band 3 der „Schätze lebendiger Vergangenheit" reist Elisabeth durch das Saale-Unstrut-Gebiet und hat prägende Erlebnisse in Halle. Auch ihre Verbindung zu Ferdinand entwickelt sich fort.

Das heimische, behütete Umfeld verlassend, bemüht sie sich, ihren eigenen Weg zu finden. Ein derartiger Vorsatz war für jede junge Frau im ausgehenden 18. Jahrhundert mit vielen unvorhersehbaren Gefahren und Schwierigkeiten verbunden. Gegen alle Widrigkeiten versucht Elisabeth mit Klugheit und Entschlossenheit ihr Leben zu meistern.

Land
M
Magd

Oschersleb
(Bod

B 82

B 245a

B 246

B 245

Osterwieck

B 79

B 244

Halberstadt

B 81

B 6n

B 79

Conc
Se

Ilsenburg
(Harz)

B 6

Blankenburg
(Harz)

H

Wernigerode

B 27

Thale

Quedlinburg

Elbingerode (Harz)

Gernrode

B 185

a

Bad
Suderode

Bode

Rappbode-
talsperre

Ballenstedt

B 4

B 242

Hassel-
felde

B 81

r

Harzgerode

B 242

z

B 4

Stolberg (Harz)

Helme

B 243

A 38

Nordhausen

Sangerhausen

Helme

Talsperre
Kelbra

Informationen zum Reiseland Sachsen-Anhalt
auch unter: www.sachsen-anhalt-tourismus.de

B 85

Unstrut

Quedlinburg

Die kleine Stadt mit ihrer großen Geschichte bezaubert jeden Besucher. Sie ist erfüllt von lebendigem mittelalterlichen Flair, und es ist kein Wunder, dass sie oft als Kulisse historischer Spielfilme gewählt wurde und wird. Die Quedlinburger Altstadt fand aufgrund ihrer wertvollen mittelalterlichen Bausubstanz 1994 Aufnahme in die Weltkulturerbeliste der UNESCO. Dem aufmerksamen Beobachter offenbaren sich in Quedlinburg Geschichte und Geschichten in reicher Fülle. Eine Kanonenkugel in der Wand der Adlerapotheke und die Narben im Leib des steinernen **Roland** erzählen von den Konflikten der beiden, die Stadt beherrschenden Kräfte – des mächtigen freiweltlichen Damenstifts auf der einen und der stolzen Bürgerschaft auf der anderen Seite.

Fachwerkhäuser am Schlossberg

Schlossberg Quedlinburg mit Stiftskirche

Beeindruckende Zeugnisse der einstigen Macht des Stiftes sind auf dem **Schlossberg** zu finden. Die heutige **Stiftskirche St. Servatius** wurde 1129 geweiht. Sie ist eines der bedeutendsten romanischen Bauwerke Deutschlands. In zahlreichen architektonischen Details und baulichen Besonderheiten ist die Erinnerung an ihre drei Vorgängerbauten lebendig. Sie zu entdecken ist ein Abenteuer. Abenteuerlich ist auch die Geschichte des **Domschatzes**, der zu den berühmtesten Kirchenschätzen Europas zählt. Seine kostbarsten Stücke gehen auf das frühe Mittelalter zurück. Der über viele Jahrhunderte sorgsam gehütete Schatz wurde im April 1945 von amerikanischen Soldaten in seinem Versteck nahe Quedlinburgs entdeckt – wertvolle Stücke verschwanden. Es grenzt an ein Wunder, dass nach 45 Jahren die Schatzteile, darunter zwei kostbare Evangeliare und der Reliquienschrein König *Hein-*

Schlossplatz mit Klopstockhaus und einladender Gastronomie

richs I., in Amerika gefunden und 1993 nach Quedlinburg zurückgebracht werden konnten.[36]

Im 16. Jahrhundert ließen die Stiftsdamen auf dem Burgberg anstelle der alten Königsburg ein neues **Schloss** errichten. Aus bautechnischen Gründen blieben dabei die Keller und Untergeschosse aus ottonischer Zeit erhalten. Der so entstandene Renaissancepalast überdauerte, von einigen Veränderungen abgesehen, die Zeiten bis in die Gegenwart. Er ging 1928 in den Besitz der Stadt über und wurde zu einem **Schlossmuseum** umgestaltet. Die wunderbaren, authentisch ausgestatteten Räume und uralten Kellergewölbe erzählen eindrucksvoll vom Glanz und Leid vergangener Zeit. Auch der von Elisabeth erwähnte Raubgrafenkasten ist hier zu finden.

Vom Schlossberg hat man einen eindrucksvollen Blick über die Stadt und über das fernere Umland.

Unterhalb des Schlosses begrenzen **Fachwerkhäuser** den leicht abschüssigen, kopfsteingepflasterten Schlossplatz. Die ihn überqueren, bleiben stehen, blicken sich um, heben den Kopf, versuchen die einzigartige Atmosphäre des Ortes zu begreifen – oben, auf mächtigem Sandsteinfels, die hohen Giebel des Schlosses und die Turmhelme der Stiftskirche, unten die jahrhundertealten reich verzierten Fachwerkgebäude. Drei schmale Gassen führen auf den Platz. Menschen sitzen an Straßencafé-Tischen. Es wundert nicht, ihn hier zu treffen. Er ist mittleren Alters, trägt ein historisches Kostüm und strahlt Gelassenheit und Würde aus. Den Schalk, der ihm im Nacken sitzt, weiß er zu verbergen. Touristen sammeln sich um ihn. In der Rolle *Friedrich Gottlieb Klopstocks* spricht er über das Leben und Wirken dieses großen deutschen Dichters. Das schöne Patrizierhaus mit den hervortretenden Erkersäulen, vor dem die Gruppe steht, ist **Klopstocks Geburtshaus**. Der Kostümierte bittet einzutreten. Die ihm folgen, erfahren, dass dieses Haus schon seit 1899 als Klopstock-Memorial eingerichtet wurde. Die Bedeutung *Klopstocks* liegt

Im Klopstockmuseum sind auch persönliche Gegenstände des Dichters zu sehen

in der frechen Unbefangenheit, mit der er die formüberladene Dichtung seiner Zeit verwarf und sich zum Schöpfer einer neuen deutschen Lyrik aufschwang. In eigenen Rhythmen schuf er poetische Bilder, deren Ausdruckskraft und Sprachgewalt alles Dagewesene übertraf. Dem Gedankengut der Aufklärung verbunden, empfand *Klopstock* seine Dichtung als sittliche Aufgabe. Sein Traum von einer „Deutschen Gelehrten-Republik" musste unerfüllt bleiben. An der Französischen Revolution begeisterte ihn die Hoffnung auf Freiheit, Gleichheit und Brüderlichkeit für alle Menschen. Die folgende blutige Wirklichkeit stieß ihn ab.

Der stillen Revolution jedoch, die zu seiner Zeit in Quedlinburg losbrach, schenkte er wenig Beachtung. Und revolutionär war der Kampf, den Doktor *Dorothea Christiana Erxleben* um die Rechte der Frauen führte, allemal. Im Klopstockhaus ist ein Ausstellungsraum dem Leben und Wirken dieser ersten deutschen promovierten Ärztin gewidmet.

In den Räumen des Zwischengeschosses wird an zwei weitere berühmte Quedlinburger Persönlichkeiten erinnert. Der ältere, *Johann Christoph Friedrich GutsMuths*, gehörte zu den herausragenden Pädagogen des 18. Jahrhunderts. Seine Bemühungen auf dem Gebiet des Schulsports und seine Methodik des Geografieunterrichts brachten ihm großen und dauerhaften Ruhm ein.

Der jüngere, *Carl Ritter*, war Schüler *GutsMuths* und gilt neben *Alexander von Humboldt* als Begründer der wissenschaftlichen Geografie.

Ein weiterer wichtiger Zeitgenosse des 18. Jahrhunderts in Quedlinburg ist der Pfarrer und Naturforscher *Johann August Ephraim Goeze*. Er wohnte nicht weit vom Hause der Familie Klopstock entfernt, ebenfalls am Schlossberg. Die Königliche Schwedische Gesellschaft der Wissenschaften berief ihn zu ihrem Mitglied. Vielleicht liegt darin der Grund, weshalb man das wertvolle Naturalienkabinett, das Pfarrer *Goeze* zusammengetragen hatte, nach dessen Tod 1793 an das Reichsmuseum in Stockholm übergab.

Am Hause Schlossberg Nr. 8 befindet sich eine Tafel, die an den Dichter und Hofprediger *Nikolaus Dietrich Giseke*, der eng mit *Klopstock* befreundet war, erinnert.

In unmittelbarer Nähe des Klopstockhauses lockt die **Lyonel-Feininger-Galerie** mit ihren exquisiten Gemälde- und Grafiksammlungen. *Lyonel Feiningers* Kunst ist außergewöhnlich, seine Biografie ist es ebenfalls. Die Quedlinburger Galerie präsentiert eine der umfangreichsten geschlossenen Grafiksammlungen des Künstlers.

Wer den Weg vom Schlossberg zum Markt durch die Carl-Ritter-Straße und Wordgasse wählt, steht bald vor dem ältesten Haus Quedlinburgs, einem Hochständerbau aus der ersten Hälfte des 14. Jahrhunderts. Das bemerkenswerte Gebäude ist seit 1965 Heimstatt des kurz „**Ständerbau**" genannten Quedlinburger Fachwerkmuseums. Besser als in diesen historischen Mauern könnte eine derartige Ausstellung nicht untergebracht sein.

Gelungener Kontrast zum Fachwerk: die moderne Lyonel-Feininger-Galerie

Quedlinburger Marktplatz mit Rathaus und Kirche St. Benedikti

Der Weg vom Ständerbau zum Markt entlang des Mühlgrabens ist kurz, – doch nur für den, der sich vom Zauber der angrenzenden Höfe nicht verführen lässt. Die Quedlinburger Höfe sind außerordentlich reizvoll, besonders in der Adventszeit, wo ihr weihnachtliches Ambiente alljährlich Tausende Besucher anzieht.

Das **Rathaus** an der Nordseite des Marktes stammt in seinem Ursprung aus dem frühen 14. Jahrhundert. Um das Jahr 1616 wurde es baulich verändert. Dabei entstand das schöne, säulenflankierte Renaissanceportal mit dem prächtigen Wappenaufsatz, gekrönt von der in Stein gehauenen Göttin des Überflusses – Sinnbild des Reichtums der Quedlinburger Bürgerschaft.

Im Rathaus fasst ein opulenter Bilderzyklus die Stadtgeschichte zusammen. Er wurde von Professor *Otto Marcus* zu Beginn des 20. Jahrhunderts auf die Täfelung des Festsaals gemalt. Bei Kaiser *Otto* und Äbtissin *Mathilde* beginnend, schlagen die Bilder einen Bogen über den gefangenen *Regensteiner Raub-Grafen*[37] bis in die Zeit des 19. Jahrhunderts. Den Abschluss bildet ein helles, freundliches Sommerbild, das an die traditionsreiche Quedlinburger Samen- und Pflanzenzucht erinnert.

Vom Rathaus führt ein zauberhafter Weg durch den Schuhhof direkt in die **Hölle**. Zur Hölle wünschten auch die jungen Stiftsdamen den stark riechenden Bärlauch, den Äbtissin *Bertradis* der Legende nach im **Brühlpark** anpflanzen ließ, um heimliche Lust-Wandeleien der Jungfern ruchbar zu machen. Schon 1277 hatte die strenge Äbtissin den sittenlosen Mönchen des nahen Wipertiklosters bei Strafe den Aufenthalt im Brühl verboten. Stiftsdamen und sittenlose Mönche gibt es nicht mehr, doch der Bärlauch blüht noch immer im Brühl.

Thale

Wie im 19. Brief geschildert, brach die kleine Reisegesellschaft unter Pfarrer *Goezes* Führung von Quedlinburg auf und wanderte dem Dorf Thale entgegen. Der Ort liegt am Eingang eines gewaltigen, schroffen Felsentals, das sich mit steilen Flanken zur Ebene hin öffnet. An die von Elisabeth beschriebenen Schmelzhütten, Schlackeberge, fauchenden Blasebälge und lärmenden Hämmer der Blechschmiede erinnert heute nur noch das **Hüttenmuseum**. Darin ist neben anderem die Problematik der Umweltbelastung durch zunehmende Industrialisierung eindrucksvoll dargestellt.

Die Bodeschlucht bietet zahlreichen Tierarten Lebensraum

Die Schwebebahn zum Hexentanzplatz

Während man im 18. Jahrhundert noch mühsam die Berge hinaufsteigen musste, kann sich heute jeder Tourist, der die Wanderung scheut, im **Sessellift** oder in der **Schwebebahn** auf die Gipfel tragen lassen. Die Aussicht von oben ist faszinierend. Auf dem **Hexentanzplatz** lädt eine der schönsten **Natur-**

Die Bronzefiguren von Hexe und Teufel erinnern an die Sagen und Mythen des Harzes

bühnen Deutschlands zum Theaterbesuch vor fantastischer Naturkulisse ein. Neben Eigenproduktionen des **Harzer Berg-**

Das Bergtheater in Thale ist eine der ältesten und schönsten Freilichtbühnen Deutschlands

theaters stehen anspruchsvolle Inszenierungen des Nordharzer Städtebundtheaters auf dem Spielplan.

Zur Walpurgisnacht tummeln sich auf dem Gipfel Hexen und Teufel aus allen Teilen der Welt. Mit ihrer ständig wachsenden Zahl wächst auch die Kommerzialisierung dieses Kults.

In der Unterstadt Thales sind Reste des **Klosters Wendhusen** erhalten. Die Anlage geht auf das frühe 9. Jahrhundert zurück und gilt als älteste Klostergründung im Osten Deutschlands.

Im Tal der Bode

Hasselfelde

Elisabeths Brief beschreibt, wie die Reisegesellschaft während der Harzexkursion in Hasselfelde mit dem Pastor *Valentin Söllig* zusammentraf. Der alte Herr wird als amüsanter und spannender Erzähler geschildert. Auf Spannendes und Amüsantes kann sich der Besucher auch heute noch freuen, wenn er das kleine Oberharzstädtchen Hasselfelde besucht.

Wahrhaft Abenteuerliches ist im **Blumenau-Museum** über den 1819 in Hasselfelde geborenen *Dr. Hermann Blumenau* zu erfahren, der sich in außerordentlichem Maße um den Aufbau deutscher Siedlungen im brasilianischen Urwald verdient gemacht hat. Dabei vertrat er sowohl moderne wirtschaftliche und kulturelle als auch humanitäre Prinzipien. Die von ihm 1850 gegründete und mittlerweile 250.000 Einwohner zählende Stadt Blumenau im Staat Santa Catarina gehört heute zu den wohlhabendsten Wirtschaftsregionen Brasiliens.

Während *Hermann Blumenau* im Süden des amerikanischen Kontinents wirkte, können Besucher in **Pullman City / Harz** den nordamerikanischen „Wilden Westen" hautnah erleben. In der realistisch nachgebauten Westernstadt am Rande Hasselfeldes

Das Harzstädtchen Hasselfelde, im Hintergrund der Brocken

Heimatstube Hasselfelde mit Blumenau-Ausstellung

leben Cowboys und Indianer gewaltlos nebeneinander. Die gebotenen Programme sind vielfältig. Pullman City besitzt zwei Museen. Das **Old Western Museum** in der High Mountain School gibt Einblicke in die Besiedlungsgeschichte Nordamerikas, während das **Mandan Erdhaus** anhand zahlreicher Exponate über indianische Kultur und Geschichte informiert.

Schon zu Beginn ihrer Reiseschilderungen erwähnte Elisabeth die vielen rauchenden Kohlemeiler im Harz. Eine der letzten Köhlereien liegt unweit Hasselfeldes am **Stemberghaus**. Von April bis Oktober kann hier der interessierte Besucher die traditionelle Holzkohlegewinnung kennenlernen oder die Arbeit am Meiler selbst ausprobieren. Das zur Anlage gehörende und für Deutschland einzigartige **Köhlereimuseum** gibt Einblick in die Entwicklungsgeschichte der Holzverkohlung. Hier wird deutlich, unter welchen schweren Bedingungen die Köhler ehemals leben und arbeiten mussten.

Arbeit an einem Meiler in der Köhlerei Stemberghaus

In einer Zeit, in der die althergebrachten Berufe, Tätigkeiten und Lebensformen unserer Vorfahren mehr und mehr in Vergessenheit geraten, ist dieses Museum, in dem Handwerk und Traditionen der Köhler lebendig gehalten werden, von großer Bedeutung.

Stolberg

Im Gegensatz zur felsig rau und zerklüfteten Landschaft des Nord- und Oberharzes ist das Erscheinungsbild des Südharzes eher sanft. Hier liegt, in vier Täler gebettet, von Kriegen und Bränden weitgehend verschont, die kleine Stadt Stolberg. Mit ihren verwinkelten Gassen, den schönen Fachwerkhäusern und dem imposanten Schloss hoch auf dem Berg scheint sie einem romantischen Bilderbuch entstiegen zu sein.

Bis auf den heutigen Tag hat *Martin Luthers* frühe Beschreibung, die Stolberg in seiner Ausdehnung mit der Gestalt eines Vogels verglich, nichts von ihrer Gültigkeit verloren. Die **Lutherbuche** markiert den Ort, von dem der Reformator 1525 über die Stadt geblickt haben soll.

Blick auf Stolberg von der Lutherbuche aus

In der historischen Münzwerkstatt

Die Alte Münze in Stolberg

Im Jahre 1993 erhielt Stolberg von der Europäischen Union als erste Stadt des Kontinents den Titel „Historische Europastadt". Die 1535 im Stil niedersächsischer Fachwerkrenaissance errichtete Alte Münze ist wohl das schönste Haus der Stadt. In ihm hat das **Museum Alte Münze** einen würdigen Platz gefunden. Neben Ausstellungen zur Stadtgeschichte und zu *Thomas Müntzer*, dem bekanntesten Sohn der Stadt, ist hier auch eine original erhaltene Münzwerkstatt aus dem 18. Jahrhundert zu sehen.

Das älteste, um 1470 erbaute Haus Stolbergs steht in der Rittergasse. Ebenfalls zum **Museum Kleines Bürgerhaus** umgestaltet, zeigt es die Wohn- und Lebensweise von Handwerkerfamilien anhand von Hausrat und Mobiliar aus dem 17. bis 19. Jahrhundert.

So friedlich und idyllisch sich diese Bilderbuchstadt gibt, so klangvoll sind die Namen jener, die in Verbindung mit Stolberg genannt werden können. Allen voran Gräfin *Juliana zu Stolberg*. Sie erblickte vor mehr als 500 Jahren auf dem Stolberger Schloss das Licht der Welt und ging als die Stamm-

Bronzefigur der Gräfin Juliana zu
Stolberg-Stolberg im Kindesalter

mutter des niederländischen Hauses derer von Oranien in die Geschichte ein. Ihr Sohn, *Wilhelm von Oranien*, führte den großen Unabhängigkeitskrieg der Niederländer gegen die spanische Krone an. Aus diesem Grunde sind in Stolberg auffallend häufig niederländische Touristen zu Gast. Im Jahre 2006 wurde auf der Westterrasse des Schlosses eine von *Bernd Göbel* geschaffe

Rathaus mit Müntzer-Skulptur, rechts die Treppe zum Schloss

ne Bronzefigur der Gräfin *Juliana* im Kindesalter aufgestellt. Etwa siebzehn Jahre vor *Juliana* wurde *Thomas Müntzer* in Stolberg geboren. Als Reform-Theologe stellte er sich mit aller Konsequenz auf die Seite des geknechteten Volkes. Er starb als „Bauerngeneral" und Symbolfigur für Freiheit und Gerechtigkeit während des deutschen Bauernkrieges. 1525 wurde er vor den Toren des thüringischen Mühlhausen hingerichtet. Am ehemaligen Geburtshaus[38] erinnert eine Gedenktafel und vor dem Rathaus eine Skulptur von *Klaus Messerschmidt* an das Wirken *Thomas Müntzers*. Das **Rathaus** ist ein Kuriosum. Ursprünglich besaß es zwölf Türen, für jeden Monat eine. Genau 52 Fenster entsprechen den Wochen und 365 Fensterscheiben den Tagen im Jahr. Das Rathaus wurde 1452 ohne innere Treppen errichtet. Ein Treppenhaus nähme zu viel Platz weg, meinten die schlauen Bauherren und nutzten die bereits vorhandenen Stufen, die seitlich am Gebäude den Hang hinauf zur Kirche führten. So ist jedes Stockwerk nur von außen zu erreichen. Wer die Treppe weiter hinaufsteigt, gelangt zur **St.-Martini-Kirche** mit ihrem romanischen Turm. Noch ein Stück höher liegt das **Schloss**. Seit März 2008 ist eine komplette, fertig sanierte Etage im Südflügel des

Schlosses wieder regelmäßig für Besucher und Gäste zur Besichtigung geöffnet. Der übrige Gebäudekomplex wird weiterhin von Grund auf saniert. Eine langwierige, voraussichtlich noch mehrere Jahre in Anspruch nehmende Arbeit. Am Ende wird in Stolberg eines der schönsten und baugeschichtlich interessantesten Schlösser des Landes zu bewundern sein. Zur Zeit von Graf *Christoph Friedrich zu Stolberg-Stolberg* lebte zwischen 1724 und 1744 am Stolberger Hof einer der originellsten Schriftsteller der frühen Aufklärungszeit, *Johann Gottfried Schnabel*. Sein Hauptwerk „Wunderliche Fata einiger See-Fahrer …" (Nordhausen 1731–1743) wurde 1828 von *Ludwig Tieck* unter dem Titel „Die Insel Felsenburg" neu herausgegeben. Die in das Buch eingestreuten Lebensläufe zeichnen ein erschütternd realistisches Bild europäischer Gesellschaftsverhältnisse im frühen 18. Jahrhundert. Den herrschenden Zuständen stellte *Schnabel* die Utopie eines idealen, bürgerlich-pietistisch geprägten Staates gegenüber, in dem das Leben für jeden Einzelnen wert- und sinnvoll ist. Im 18. Jahrhundert war das Buch ein absoluter Bestseller.

Ein kleiner Ausflug in die Umgebung Stolbergs führt auf den **Auerberg**.

Der Seigerturm in Stolberg

Blauer Saal im Schl

Das Josephskreuz ist das größte eiserne Doppelkreuz der Welt

Hier steht das **Josephskreuz**, das größte eiserne Doppelkreuz der Welt. Das 1896 errichtete Bauwerk erinnert besonders im unteren Bereich deutlich an die Konstruktion des Eifelturms. Der Aufstieg zur Aussichtsplattform kostet neben einer kleinen Gebühr auch etwas Überwindung, doch es lohnt sich. Den Besucher erwartet ein beeindruckender Rundblick über die Harzberge, bis hin zum Kyffhäuser.

Brocken

Eine Vielzahl berühmter Persönlichkeiten hat diesen „deutschesten aller Berge" besucht. *Goethe* erstieg ihn zum ersten Mal im Winter 1777. *Heinrich Heine* erlebte ihn 1824 nebelverhangen, worauf er lakonisch im ‚Gipfelbuch' vermerkte: „Müde Beine / viele Steine / Aussicht keine / Heinrich Heine."

Fünfundsiebzig Jahre später, im Mai 1899, nahm die Brockenbahn ihren Betrieb auf. Neben den moderneren Dampfzügen schnauft mitunter noch heute eine Dampflokomotive aus dieser frühen Zeit zum Gipfel hinauf. Die Fahrt mit der **Harzer Schmalspurbahn** ist ein besonderes Erlebnis.

Den Wanderern im 18. Jahrhundert war eine derartige Bequemlichkeit nicht vergönnt. Sie mussten zu Fuß den Berg hinaufsteigen – und so ist es wohl auch am interessantesten.

Der Weg zum Brocken führt durch den ‚neuen' **Nationalpark Harz**, der seit 2005 länderübergreifend aus einem Ost- und einem Westbereich zusammengelegt ist. Dabei gab es Bemühungen zum Schutz der Natur im Oberharz bereits im 18. Jahrhundert. Graf *Christian Ernst zu Stolberg-Wernigerode* erließ 1718 eine „Waldschutzverordnung für die Brockenwälder". Er war es auch, der das Wolkenhäuschen, die erste Schutzhütte, auf dem Gipfel erbauen ließ.

Zu Lehr- und Forschungszwecken legte im Jahre 1890 Professor *Albert Peter* von der Göttinger Georg-August-Universität auf dem Brockenplateau einen botanischen Garten an. Dieser entwickelte sich zu einer vielbesuchten öffentlichen Schauanlage für Hochgebirgspflanzen aus aller Welt. Heute umfasst der **Brockengarten** ca. 1.500 Arten. Er ist der älteste Gebirgspflanzengarten Europas. Neben Forschung und Lehre schließt sein komplexer Aufgabenbereich auch Öffentlichkeitsarbeit und den Schutz bedrohter Pflanzenarten ein. Das **Museum im Brockenhaus** erzählt von Hexen und Mythen, von berühmten

*Auf schmaler Spur
zum Brocken*

Urwald im Nationalpark

Brockenplateau, rechts das Museum (Brockenhaus)

Brockentouristen und vom deutsch-deutschen Grenzwahnsinn. In weiteren Abteilungen wird der Besucher eingeladen, die Natur des Harzes mit allen Sinnen wahrzunehmen – am Ende verlässt er das Haus mit einem schärferen Blick für die Schönheit des unberührten Waldes und mit Verständnis für manche, den Touristenstrom regulierende Maßnahme im Nationalpark. Schließlich werden etwa zwei Millionen Brockenbesucher im Jahr gezählt.

Rübeland

Im Verlauf des 19. Briefes beschreibt Elisabeth, wie sie im Bodetal bei Rübeland durch ein Felsenloch in die bizarre Harzer Unterwelt gelangte. Welch ein Abenteuer! Die **Baumannshöhle** ist die älteste und bekannteste Schauhöhle Deutschlands. Schon seit dem Jahre 1646 gab es organisierte Besichtigungen. Eine derart große Popularität hätte in absehbarer Zeit die Zerstörung der Tropfsteinhöhle zur Folge gehabt. Deshalb stellte Herzog *Rudolf August zu Braunschweig-Wolfenbüttel* am 10. April 1668 die gesamte Höhle unter Schutz. Es ist dies die älteste aktenkundige Schutzverordnung im deutschsprachigen Raum. Im 18. Jahrhundert war die Rübeländer Baumannshöhle weit über die Grenzen Deutschlands bekannt.

Die **Hermannshöhle** wurde erst 1866 entdeckt. Im Mai 1890 konnte sie – als erste in Deutschland – mit elektrischer Be-

Ein Höhlenbär auf hohem Fels begrüßt in Rübeland die Besucher der Hermannshöhle

Goethesaal in der Baumannshöhle

leuchtung zur Besichtigung freigegeben werden. Neben interessanten Tropfsteinen und einer prächtigen Kristallkammer ist in ihr ein Höhlensee zu finden, in dem einige Exemplare des ausgesprochen seltenen Grottenolms („Proteus anguinus Laurenti") leben.

Das Wahrzeichen Rübelands ist der Höhlenbär. Diese Spezies bewohnte vor mehr als 30.000 Jahren die Harzregion. Als im 17. Jahrhundert eine große Menge Knochen in der Baumannshöhle gefunden wurde, glaubte man, Überreste des legendären Einhorns entdeckt zu haben. Die „Einhorngebeine" ließen sich, zu Wunder wirkenden Heilmitteln verarbeitet, gewinnbringend verkaufen. Zu Beginn des 19. Jahrhunderts gelang es, die Knochen dem Höhlenbären „Ursus späiaeus" zuzuordnen.

Vollständige Skelettnachbildungen dieser imposanten Tiere befinden sich in beiden Höhlen.

Clausthal-Zellerfeld

In der zweiten Hälfte des 18. Jahrhunderts zählte das Oberharzer Bergrevier mit seinen vielen Gruben und Hütten, Pochwerken und Wasserkünsten zu den größten Industrieregionen zwischen St. Petersburg und Paris. Clausthal war das Zentrum. Aus der 1775 gegründeten Montan-Schule, die praxisnah und qualifiziert Wissen über das Berg- und Hüttenwesen vermittelte, ist die **Technische Universität Clausthal** hervorgegangen – eine moderne, zukunftsorientierte Hochschule. Ihre ursprüngliche Praxisbezogenheit findet man noch heute in der besonderen Verzahnung von Natur- und Ingenieurswissenschaften, Mathematik, Informatik und Ökonomie.

Unbedingt sehenswert sind die berühmten **Geo-Sammlungen** im Hauptgebäude der TU an der Adolph-Roemer-Straße. Vom beißenden Gestank der Schmelz- und Treibhütten, vom

Kinder lernen im Bergwerksmuseum die Arbeit unter Tage kennen

Fördergerüst des Ottiliae-Schachtes

quälenden Lärm der Pochwerke, von Asche, Schlamm und Schlacke ist im 21. Jahrhundert nichts mehr zu spüren. Im Gegenteil. Clausthal-Zellerfeld ist heute ein staatlich anerkannter heilklimatischer Kurort.

Die Erinnerung an die Montantradition wird im **Oberharzer Bergwerksmuseum** im Stadtteil Zellerfeld wach gehalten. In einer nachgebauten Grube auf dem Museumsgelände kann der Besucher hautnah spüren, unter welch schweren Bedingungen ehemals die Bergleute ihre Arbeit verrichten mussten. Auf dem Gelände des Kaiser-Wilhelm-Schachtes informiert die Ausstellung der Harzwasserwerke über ein Kulturdenkmal der besonderen Art – das **Oberharzer Wasserregal**. Dieses komplexe System von Teichen, Gräben und Wasserläufen ermöglichte jahrhundertelang die Nutzung der Wasserkraft im Harzer Bergbau.

Die **Anlage des Ottiliae-Schachtes**, mit ihrem bemerkenswerten Fördergerüst, ist eine Außenstelle des Bergwerks-

Die Marktkirche zum Heiligen Geist ist eine der größten Holzkirchen Deutschlands

museums. Auf einem Teilstück der alten Grubenbahn können die Besucher über Tage vom Schacht zum ehemaligen Clausthaler Bahnhof fahren, in dem heute auf originelle Weise die **Stadtbibliothek** untergebracht ist. Mit ihren umfangreichen Beständen und interessanten Veranstaltungen lockt sie so manchen Leser auf den „Bahnhof".

Gewiss findet man hier auch Bücher über *Robert Koch* (1843–1910), den berühmten Mediziner und Hauptbegründer der modernen Bakteriologie, der am 11. Dezember 1843 in Clausthal geboren wurde und hier seine Kindheit und Jugend verlebte.

Im Gegensatz zu *Robert Koch* liebte es der Clausthaler Bergrat *Julius Albert* (1787–1846) handfester. Ihm gelang 1834 die Fertigung des ersten Drahtseils – eine umwälzende Erfindung, die von Clausthal um die ganze Welt ging und besonders die Fördertechnik in den Bergwerken revolutionierte.

Und noch ein weiterer, bedeutender Sohn der Stadt soll an dieser Stelle erwähnt werden. *Johann Friedrich Löwen*, der 1727 in Clausthal geborene Dichter und Theatertheoretiker, war zweifellos im 18. Jahrhundert eine berühmte Persönlichkeit, geriet jedoch nach seinem Tode schnell in Vergessenheit. Neuerdings beschäftigt man sich wieder mit Leben und Schaffen *Löwens*, dessen beispielgebende Balladendichtung und dessen Bemühen um ein deutsches Nationaltheater eine späte Würdigung allemal verdienen. *Löwen* hat bereits 1756, also 50 Jahre vor *Goethe*, in seiner Versdichtung „Die Walpurgis-Nacht" eine Faustgestalt mit dem Harzer Hexenmythos in Verbindung gebracht.

Der Kunsthandwerkerhof in Clausthal-Zellerfeld

Goslar

In dieser überaus bemerkenswerten Stadt mit ihrer großen und bewegten Geschichte vermischen sich Gegenwart und Vergangenheit zu einer heiter-bunten Symphonie urbanen Lebens.

Touristen stehen auf dem Markt. Erwartungsvoll blicken sie zum Zwerchgiebel des Kaiserringhauses hinauf, wo viermal täglich zum Klang des **Glockenspiels** eine kleine Prozession mechanischer Figuren vom Rammelsberg erzählt. Schön ist

Marktplatz am Abend mit Kaiserworth und Rathaus

der **Markt** mit Rathaus, Brunnen, Kaiserworth und mit dem Glocken-Spiel. Im Hintergrund der Berg …

Das Schicksal Goslars ist untrennbar mit dem Erzabbau im Rammelsberg verknüpft. Schon zu Beginn des 11. Jahrhunderts wurde hier eine bedeutende Pfalz errichtet. Der Handel mit wertvollen Metallen verschaffte der Stadt eine herausragende Stellung innerhalb der Hanse.

Elisabeth schildert in ihrem Brief vom Sommer 1776 die bedrückende Armut der Bergleute und den trostlosen Anblick des Ortes. Was war der Grund für dieses düstere Bild?

Die Chronik gibt Auskunft: An der Wende vom 14. zum 15. Jahrhundert hatte der Herzog von Braunschweig-Lüneburg das Bergrecht für den Rammelsberg gegen ein Pfandgeld der Stadt Goslar überlassen. Dem umsichtigen Rat gelang es in den folgenden Jahrzehnten, die Erzgewinnung zu einer nie erlebten Blüte zu führen. Die Stadt wurde reich. In dieser Zeit entstanden ihre markanten, heute noch erhaltenen Gebäude, darunter das Rathaus mit dem Huldigungssaal, die prächtigen Gildehäuser und die schönen Patriziergebäude. Die Stadtbefestigung wurde erweitert und die Tore wurden zu wehrhaften Torburgen ausgebaut.

Huldigungssaal im Rathaus

Im Bergbaumuseum Rammelsberg sind Zeugnisse 1.000-jähriger Montangeschichte zu erleben

Nach heftigen Auseinandersetzungen mit den Bürgern konnte Herzog *Heinrich von Braunschweig-Wolfenbüttel* 1552 die Rechte am Rammelsberg wieder an sich reißen. Damit begann Goslars schmerzlicher Niedergang. Erst durch die 1859 neu entdeckten Erzvorkommen im Rammelsberg blühte die Stadt wieder auf. Im Jahre 1988 waren die Lager erschöpft. Die Förderung musste eingestellt werden. Damit ging eine tausendjährige kontinuierliche Bergbaugeschichte zu Ende.

Im Dezember 1992 wurden das Erzbergwerk Rammelsberg und die Altstadt Goslars in die UNESCO-Liste des Weltkulturerbes aufgenommen.

Das **Bergbaumuseum Rammelsberg** zeigt in einem herausragenden Denkmalensemble einzigartige Sachzeugen einer tausendjährigen Bergbaugeschichte. Atemberaubende Eindrücke über und unter Tage lassen den Besucher die Zeit vergessen.

Auch die Goslarer **Kaiserpfalz** gehört zum UNESCO Weltkulturerbe. Elisabeths Brief wies darauf hin, dass die Pfalzgebäude im ausgehenden 18. Jahrhundert deutliche Spuren fortschreitenden Verfalls zeigten. Die als „Kaiserdom" bezeichnete Stiftskirche St. Simon und Judas war so ruinös, dass sie 1820 abgerissen werden musste. Erhalten blieb nur ihre 1150 errichtete Vorhalle.

Zwischen 1868 und 1875 konnte die Kaiserpfalz umfassend restauriert werden. Heute ist sie ein kulturhistorischer Schatz von internationalem Rang. Touristen aus aller Welt kommen, um sie zu sehen.

Doch wer, begeistert von den großen, die kleinen Häuser nicht besucht, versäumt unendlich viel. Da liegt im Altstadtkern das **Goslarer Museum**. Es zeigt umfangreiche Sammlungen zur Geschichte und Kunstgeschichte der Stadt und zur Geologie und Mineralogie der Region. Neben herausragenden Einzelobjekten ist ein 1.000 Jahre alter Harzer Kupferschmelzofen zu sehen. Das **Mönchehaus Museum** gehört zu den international geschätzten Museen für moderne Kunst. Hier sind Arbeiten von Künstlern wie *Joseph Beuys*, *Max Ernst*, *Georg Baselitz* und *Eduardo Chillida* ausgestellt.

Erschöpft von derart viel Kultur lädt eine Wiese vor der Kaiserpfalz zum Ausruhen ein. Bequem ins Gras gestreckt lässt es sich hier im Angesicht der einzigartigen Kulisse gut entspannen.

Die Kaiserpfalz ist eine besondere Sehenswürdigkeit in der UNESCO-Welterbestadt Goslar

Wolfenbüttel

Deutsche **Fachwerk** Straße

Den Briefen zufolge wäre es in Wolfenbüttel beinahe zu einer Begegnung zwischen Elisabeth und dem berühmten *Lessing* gekommen. Er gehörte, wie auch *Klopstock*, *Nicolai*, *Moses Mendelssohn* und so viele andere mehr, zum engeren Freundeskreis um *Gleim*. Der Quedlinburger *Goeze* hatte sich nicht in den bissigen Streit, den sein Bruder *Johan Melchior* mit *Lessing* führte, hineinziehen lassen. Dennoch war ihm der öffentlich ausgetragene Zwist unangenehm.

Bedauerlicherweise traf die kleine Reisegesellschaft *Lessing* nicht an. Ein Gehilfe führte, wie der Leser erfuhr, die Besucher durch Bibliothek und Schloss. Wie nützlich wäre auch heute ein Mensch, der nett, gewitzt und kenntnisreich durch Stadt und Schloss und all die interessanten Orte Wolfenbüttels führt …

Man denkt's und sieht im gleichen Augenblick so einen sonderbaren Kerl; barock gekleidet, elegant, mit Schnallenschu-

Das Wolfenbütteler Schloss inmitten der Stadt

Herzog August Bibliothek, Augusteerhalle

hen und weißer lockiger Perücke. Er tritt in kleinen Schritten näher, stellt sich als Monsieur de la Marche, der Maître de Plaisir des Herzogs, vor und bietet seine Dienste an. Er weiß von *Leibniz* zu erzählen, von *Lessing* und von seinem Fürsten, dem Herzog *August Wilhelm zu Braunschweig-Wolfenbüttel*. Sein Repertoire ist amüsant. Histörchen und pikante Abenteuer. Und dann verrät er flüsternd, … selbst *Casanova* war in Wolfenbüttel. Der Herzensbrecher hat, nun Ja, die Nase in die Bibliothek gesteckt. Nicht eine Dame kam hier durch ihn zu Schaden.

Die fürstliche Bibliothek, fährt Monsieur de la Marche dann sachlich fort, entwickelte sich unter Herzog *August dem Jüngeren* zur größten Büchersammlung Europas. Das heutige Bibliotheksgebäude entstand zwischen 1883 und 1887 im Stil eines florentinischen Palazzo. Es ersetzte die baufällig gewordene Bibliotheksrotunde des 18. Jahrhunderts.

Aus der herzoglichen ist heute eine moderne Forschungsbibliothek von internationalem Rang geworden. In ihr wird kontinuierlich und mit großem Eifer an vielen Forschungs- und Erschließungsprojekten gearbeitet.

In den museal genutzten Räumen der Bibliothek, wie Augusteerhalle, Schatzkammer, Globensaal, Kabinett und Malerbuchsaal, sind kostbare Stücke ausgestellt. Seit 1974

Lessinghaus in unmittelbarer Nähe der Herzog August Bibliothek

gehört auch das 1618 im Stil der Spätrenaissance errichtete Zeughaus zur **Herzog August Bibliothek**.

Unter dem Dach der Bibliothek findet man weitere hochkarätige Institutionen wie die namhafte „Deutsche Gesellschaft für die Erforschung des 18. Jahrhunderts" und die Lessing-

Zählt zu den größten und bemerkenswertesten seiner Art: das Schloss Wolfenbüttel

Akademie. Beide Einrichtungen arbeiten eng mit nationalen und internationalen Partnern zusammen.

In der kleinen Grünanlage vor der Bibliothek steht ein hübsches Hofbeamtenhaus. Sein Äußeres erinnert an ein Parkschlösschen des spätfranzösischen Barock. Was in ihm steckt verrät die Tafel: **Lessinghaus**.

Wortreich erzählt der Stadtführer von *Gotthold Ephraim Lessing*, der 1770 in Wolfenbüttel die Stelle des herzoglichen Bibliothekars übernahm. Zu dieser Zeit war er als Dichter, Kritiker, Dramatiker, Dramaturg und Gelehrter längst ein berühmter Mann. Von 1777 bis zu seinem Tode 1781 wohn-

Schlossinnenhof

te und arbeitete *Lessing* in diesem Haus. Es wurde später im Gedenken an den großen deutschen Schriftsteller zu einem Literaturmuseum umgestaltet. Man möchte ihm eine Rose ins Fenster legen.

Vom Lessinghaus zum **Wolfenbütteler Schloss** sind es nur ein paar Schritte. Beschwingt geht Monsieur de la Marche voran. Er plaudert lebhaft. Man hört ihm zu. Er weiß zu Schloss und Interieur viel Interessantes zu berichten: Das Wolfenbütteler Schloss ist der zweitgrößte erhaltene Schlossbau in Niedersachsen. Die mächtige Vierflügelanlage diente den Herzögen zu Braunschweig-Lüneburg über 320 Jahre als Residenz. Von ihrer glänzenden Hofhaltung künden noch heute die zwischen 1690 und 1740 gestalteten Repräsentationsräume. Sie bilden das Herzstück des im Schloss befindlichen Museums, das neben Einblicken in die fürstliche Wohn- und Tafelkultur zur Zeit des Absolutismus, auch eine große Fülle bemerkenswerter Objekte zum bürgerlichen Leben der letzten drei Jahrhunderte zeigt.

Doch hier wird nicht nur der Vergangenheit gehuldigt, im Schloss begegnet man auch neuer Kunst und neuen Künstlern. Monsieur de la Marche strahlt, während er über die Bundesakademie für kulturelle Bildung spricht, die ihren Sitz im Schloss zu Wolfenbüttel hat. Er weiß, wovon er redet, wenn er sagt: „Ein Schloss ist wohl der angemessene Ort zur Förderung von Künstlern, Kunst und von Kultur. Wie schön, wenn es in allen Ländern dieser Welt so wäre."

Der Tanzmeister des Herzogs bedauert, den Rundgang nicht auf die gesamte Stadt und ihre Sehenswürdigkeiten ausdehnen zu können. Nicht einmal ausnahmsweise. Sein Metier sind allein die Erlebnisführungen im Schloss. Setzt man den Rundgang in der Stadt weiter fort, sieht man die schönsten

„Klein Venedig" in Wolfenbüttel

Fachwerkhäuser, von denen es in Wolfenbüttel mehr als 600 gibt, und man entdeckt das **AHA-ERLEBNISmuseum**, einen Ort, an dem sich Kinder und Jugendliche in interaktiven Spiellandschaften ausprobieren können. Noch sehr viel tiefer in die Vergangenheit führt das **Museum für Ur- und Frühgeschichte** in der ehemaligen herzoglichen Kanzlei.

Der Rundgang durch die Kirchen Wolfenbüttels endet in der **Hauptkirche Beatae Mariae Virginis**, kurz BMV. In diesem ersten „groß gedachten" Kirchengebäude des Protestantismus verschmelzen Stilelemente der Gotik, der Renaissance und des Barock zu einer großartigen Einheit.

Blankenburg

Die kleine Stadt am östlichen Harzrand war in der ersten Hälfte des 18. Jahrhunderts fest in das politische und kulturelle Geschehen Europas eingebunden. Schloss und Gärten sind beredtes Zeugnis dieser glanzvollen Epoche.

Doch es ist nicht die höfische Pracht, die heute den Ruf Blankenburgs weit über die Grenzen trägt. Es sind die wandernden Handwerksgesellen, die in aller Welt über Blankenburg zu erzählen wissen. Wie in keinem anderen Ort wird die Tradition der Wanderschaft im Blankenburger **Herbergsmuseum** wach und lebendig gehalten. Eine museal genutzte historische Gesellenherberge dieser Art ist einmalig in Deutschland. Das Herbergsmuseum bewahrt die Traditionen und das Brauchtum unterschiedlicher Gesellenzünfte und verweist auf die Bedeutung der „walzenden" Handwerksburschen in Vergangenheit und Gegenwart. Die Museumsbibliothek ist bemerkenswert. Neben Abhandlungen zur Geschichte der Zünfte findet man hier seltene Beschreibungen und Darstellungen alter Handwerkstechniken, die heute besonders für die Denkmalpflege von Interesse sind.

Blick auf Schloss Blankenburg, vorn der Braunschweiger Löwe

Auf die Schönheit des Blankenburger Schlosses und der Gärten hatte schon Pfarrer *Söllig* hingewiesen. Herzog *Ludwig Rudolf von Braunschweig-Wolfenbüttel* ließ das **Schloss** zwischen

Einzige museal genutzte historische Gesellenherberge in Deutschland

1705 und 1718 von seinem Landbaumeister *Hermann Korb* als barocke Residenz errichten. Sie war wegen ihrer glänzenden Feste und Theateraufführungen berühmt. Die prachtvollsten Räume, darunter der Graue Saal, das Theater, die Schlosskapelle sowie der Kaiser- und Rittersaal sind zu besichtigen.

Während der Regierungszeit Herzog *Ludwig Rudolfs* erlangte Blankenburg den Stand eines souveränen Fürstentums. *Elisabeth Christine*, die Tochter des Herzogs, wurde 1708 Gemahlin Kaiser *Karls VI*. Ihre Tochter schrieb als Kaiserin *Maria Theresia* Geschichte.

Das Blankenburger **Schlossparkensemble** mit Tiergarten, Fasanengarten, Berggarten, Terrassengarten und Orangerieplatz gehört zu den größten und ältesten Park- und Gartenanlagen Sachsen-Anhalts. Die Gärten wurden in den ersten Jahren des 21. Jahrhunderts denkmalgerecht restauriert. Der Schlosspark ist für Einheimische wie Gäste ein beliebtes Ausflugsziel. Hier verführen Teehaus, Prinzessinnenturm, Statuen, Brunnen, Putten, Vasen und Wasserspiele zum Träumen.

Barockgarten vor dem Kleinen Schloss in Blankenburg

Das **Kleine Schloss** bildet den nordöstlichen Abschluss des barocken **Terrassengartens**. Um 1725 als Gartenschloss errichtet, steht es heute den Besuchern als Museum offen. Zum Sammlungsbestand gehört eine regionalgeschichtliche **Präsenzbibliothek** mit vielen bibliophilen Kostbarkeiten.

Die Orte in der näheren Umgebung Blankenburgs sind reich an Geschichte und Geschichten. Sie zu erforschen ist unbedingt lohnenswert. Allen voran das musikalische **Kloster Michaelstein**. Das ehemalige Zisterzienserkloster aus dem 12. Jahrhundert ist Sitz der „Stiftung Kloster Michaelstein", einer Weiterbildungs- und Forschungsstätte musikalischer Aufführungspraxis von internationalem Rang. Unter dem Dach des Klosters sind darüber hinaus die „Landesmusikakademie Sachsen-Anhalt" und die „Ständige Konferenz Mitteldeutscher Barockmusik in Sachsen, Sachsen-Anhalt und Thüringen" zu finden. Das Musikinstitut Michaelstein ist einer der wichtigsten Konzertveranstalter im Südwesten Sachsen-Anhalts. Der mittelalterliche **Klostergarten** und die Fische aus eigenen Zuchtteichen versprechen dem Besucher neben musikalischen auch kulinarische Genüsse.

Kräutergarten im Kloster Michaelstein

Auf fortgesetzter Entdeckungstour findet man die sagenum-
wobene **Teufelsmauer**, die Reste einer (als „Volkmarskeller"
bezeichneten) **Höhlenkirche** aus dem 10. Jahrhundert, die
aus Fels gehauene, uralte **Burg Regenstein** und das Dorf Langenstein mit seinen **Höhlenwohnungen**, dem Schloss und
dem schönen Landschaftspark.

Schloss und **Park** gehen in ihrem Ursprung auf *Maria Antoinette von Branconi* zurück, die zwischen 1778 und 1781 die
Schlossanlage errichten ließ. Heu-
te befindet sich im Schloss ein
Therapiezentrum für junge Menschen mit autistischem Krank-
heitsbild. Der von *Carl Eduard
Adolph Petzold* Mitte des 19. Jahrhunderts geschaffene Langen-
steiner Schlosspark zählt zu den
großartigen Werken der Gartenkunst. Während das Schloss nicht
zu besichtigen ist, steht der Park
den Besuchern offen.

*Die Klosterkonzerte erfreuen sich
großer Beliebtheit*

Wernigerode

Schon aus der Ferne zieht das hoch über der Stadt thronende **Schloss** die Blicke auf sich. Mit seinen Türmen und Giebeln erinnert es an eine Ritterburg, deren trutziger Charakter gegen eine romantisch verspielte Leichtigkeit eingetauscht zu sein scheint. Zur Zeit der Briefschreiberin stand hier ein anderes Schloss. Das heutige ließ Graf *Otto zu Stolberg-Wernigerode* zwischen 1862 und 1885 durch den Architekten *Carl Frühling* an Stelle einer älteren, barocken Palastanlage errichten. Die neue, in Form einer Rundburg erbaute Residenz wurde zu einem Vorbild des norddeutschen Historismus. Ihr Hausherr, Graf *Otto zu Stolberg-Wernigerode*, stand als Stellvertreter *Bismarcks* und somit als Vizekanzler des Deutschen Reiches in hohem politischen und gesellschaftlichen Ansehen.

Stadt und Schloß Wernigerode®

Das bereits 1930 in Teilen eröffnete **Schlossmuseum** zeigt heute in nahezu 50 Räumen die Wohn- und Lebenssituation des deutschen Hochadels. Aufwendige Sonderausstellungen ergänzen die Präsentation. Als erstes deutsches Zentrum für Kunst- und Kulturgeschichte des 19. Jahrhunderts leistet das Wernigeröder Schlossmuseum wichtige Forschungsarbeit. Im

Kapelle im Schloß Wernigerode®

Jahre 1999 wurde das Schloss in die Liste national wertvoller Kulturdenkmale aufgenommen.

Die von Elisabeth erwähnten Gärten sind in abgewandelter Form noch vorhanden. Graf *Christian Ernst zu Stolberg-Wernigerode* ließ den alten Lustgarten zwischen 1713 und 1719 nach französischem Vorbild neu gestalten. Im Jahre 1731 wur-

Museum im Schloss, Zentrum für Kunst- und Kulturgeschichte des 19. Jahrhunderts

de als nordwestlicher Abschluss dieses Gartens eine Orange-rie errichtet, die im 19. Jahrhundert die gräfliche Bibliothek aufnahm. Mit ihren umfangreichen Beständen und einer wert-vollen Bibelsammlung zählte diese Bibliothek zu den bedeu-tendsten Privatbibliotheken Mitteldeutschlands. Durch Ver-kauf, Krieg und Enteignung wurde die Sammlung zerstreut. Im Gebäude der Orangerie befindet sich heute eine Außen-stelle des **Landeshauptarchivs Sachsen-Anhalt**.

Zu den Gartenanlagen im Schlossbereich zählen weiter-hin der auf das 16. Jahrhun-dert zurückgehende **Terras-sengarten** und der in seinem Ursprung noch ältere Tiergar-ten.

Neben den historischen Gar-tenanlagen findet man in Wernigerode auch einen mo-dernen, durch seine zauber-hafte Vielfalt bestechenden **Bürgerpark**. Er entstand 2006 im Zuge der Landesgarten-schau.

Terrassengärten am Schloß Wernigerode®

Wer durch Wernigerode geht, sollte sich zum Betrachten der reich verzierten Fachwerkhäu-ser unbedingt Zeit nehmen. Viele Details bleiben dem oberflächlichen Blick verbor-gen. Das 1674 erbaute **Krum-melsche Haus** in der Breiten Straße 72 zeigt eine unge-wöhnliche Relieffülle. Ob es der Oberpfarrkirchhof ist oder

Rathaus Wernigerode

Unter Dampf: die Harzer Schmalspurbahn

das „Kleinste Haus", das „Schiefe Haus", das „Älteste Haus" oder das „Café Wien", überall in Wernigerode fällt der Blick auf interessante Beispiele jahrhundertealter **Fachwerkarchitektur**.

Aus der historischen Vielfalt ragt das **Rathaus** als eine wahrhafte Perle mittelalterlicher Baukunst hervor. Das schon 1277 urkundlich erwähnte Gebäude wurde 1544 wesentlich umgebaut. Neben seiner interessanten Fachwerkarchitektur, die weniger an niedersächsische als vielmehr an fränkische Vorbilder erinnert, ist der figürliche Schmuck besonders interessant. Dargestellt sind vorwiegend Heilige, Handwerker und Narren. Bei heiratswilligen Paaren aus ganz Deutschland sind Trauungen in diesem Rathaus sehr begehrt – entsprechend lang ist die Warteliste.

Nicht nur Hochzeitspaare, auch Musikfreunde zieht es nach Wernigerode. Das Musikleben der Stadt ist mit dem Rundfunkjugendchor, dem Philharmonischen Kammerorchester, dem Landesgymnasium für Musik und vielem mehr ausgesprochen reichhaltig.

Für Besucher, die sich gern weiterführend mit der Region beschäftigen möchten, stehen das **Harzmuseum** und die Harzbücherei offen. Die seit 1992 der Stadtbibliothek unterstellte **Harzbücherei** hat als wissenschaftliche Regionalbibliothek einen bedeutenden Stellenwert. Sie sammelt und erschließt alle relevanten Publikationen zum Thema Harz und unterstützt mit ihren Beständen die Erforschung der Harzgeschichte.

Liebhaber schnaufender Dampfrösser können von Wernigerode aus mit der **Harzer Schmalspurbahn** unvergessliche Ausflüge unternehmen.

Schachdorf Ströbeck

Von diesem kleinen Dorf bei Halberstadt ist in Elisabeths Briefen wiederholt die Rede gewesen.

Was steckt hinter all den Wundergeschichten, die man sich von dem Ort erzählt? Der Besuch verspricht spannend zu werden. „Schachdorf Ströbeck" ist auf dem Ortseingangsschild zu lesen. Das Dorf liegt malerisch, wie mit Pastellfarben in eine sanfte Hügellandschaft getupft. Die dunklen Harzberge im Hintergrund. Auf den ersten Blick scheint der Ort ein wenig verschlafen. Beim genaueren Hinsehen fallen Schachbretter auf, die (wie anderswo die Zielscheiben der Schützenkönige)

Ströbecker Lebendschachfiguren beim Schachtanz

an Häuserwänden angebracht sind. Schachbrettgemusterte Wetterfahnen, Schachfiguren auf schmiedeeisernen Gartenzäunen, Schachsymbole auf Toren und Türen, eine Schachschule, eine Schachfahne am Schachturm, am Schachplatz ein Gasthaus zum Schachspiel …

Die Dame im Schachladen schmunzelt. *Sölligs* gibt es noch heute in Ströbeck, erklärt sie. Die Geschichte vom kleinen *Valentin*, dem Sohn des Bürgermeisters, kennt jedes Kind im Dorf. Sie ist keine Legende. Auch die anderen wunderlichen Dinge, die man sich über Ströbeck erzählt, sind wahr. Das Ströbecker Hochzeitsrecht zum Beispiel ist belegte Tatsache. Eine derartige Tradition gibt es kein zweites Mal in der Welt. Heute ist es für den Bräutigam keine Pflicht mehr, vor der Hochzeit gegen den Bürgermeister Schach zu spielen, dennoch geschieht es – ab und zu.

Im ehemaligen Rathaus, einem schönen alten Fachwerkgebäude, befindet sich das **Schachmuseum**. Die Ausstellung gibt Einblicke in die tausendjährige Schachtradition des Dorfes. Es ist übrigens das einzige öffentliche Schachmuseum Deutschlands. Bei einem Rundgang durch die Sammlungen lässt sich viel über den Ort erfahren, über sein Jahrhunderte währendes Privileg der Steuer- und Abgabenfreiheit, über die uralte Tradition des Lebendschachs, über Schachbretter als Huldigungsgeschenke, über Schulschach und Schachschule, über das sonderbare Ströbecker Kurierschachspiel, über den legendären Slawenfürsten Gunzelin, der im Schachturm gefangen saß, über Schachkongresse und vieles mehr.

Doch es ist nicht nur die Vergangenheit, die den Ort auszeichnet, auch in der Gegenwart erweist sich Ströbeck als überaus bemerkenswertes Dorf.

Im Jahre 2006 wurde Ströbeck als erstes und einziges deutsches Dorf zum Europäischen Kulturdorf gewählt. Das geschah innerhalb des Projektes Cultural Villages of Europe (Kulturdörfer Europas), in dem zwölf Gemeinden aus zwölf

Schachmuseum Ströbeck

europäischen Ländern in einem Netzwerk zusammenarbei-
ten. Erklärtes Ziel dieses Projektes ist die Fokussierung des
öffentlichen Interesses auf die kulturellen Bedürfnisse und
Leistungen der kleinen Dörfer innerhalb der großen Europäischen Gemeinschaft.

Ein Jahr lang war Ströbeck Gastgeber für internationale Kon-
ferenzen, Kolloquien, Jugendcamps und Feste. Im Zentrum
des Dorfes entstand ein Europapark, dessen Wege die Grenzen des Kontinents markieren und dessen Gehölze typisch
für die zwölf Partnerländer sind. Unvergessen ist das zur feier-
lichen Eröffnung uraufgeführte Musical „Ströpker Zeitsprün-
ge", das von Ströbecker Laienschauspielern zur Aufführung
gebracht wurde. Über 120 Mitwirkende auf und hinter der
Bühne trugen zum Gelingen der Inszenierung bei. Die Show

war beeindruckend – und nur möglich durch ein großartiges Miteinander!

Ein Dorf mit einer tausendjährigen Tradition, die so lebendig und so gegenwärtig ist wie im Schachdorf Ströbeck sucht seinesgleichen in der Welt.

Exponate im Schachmuseum

Halberstadt

Aus Elisabeths Briefen geht hervor, dass die Reisegesellschaft auf der letzten Station ihrer Harzexkursion den Dichter, Sammler und Mäzen *Johann Wilhelm Ludwig Gleim* in Halberstadt besuchte. „Vater *Gleim*", wie man ihn achtungsvoll nannte, war gewiss ein ebenso exzellenter wie amüsanter Führer durch die alte Bischofsstadt und natürlich auch durch den **Dom** mit seinen einmaligen Kostbarkeiten. *Gleim*, der im Hauptberuf als Domsekretär die juristischen Interessen des Domkapitels zu vertreten hatte, kannte die verstecktesten Ecken und Winkel der Kirche. Gewiss werden die Besucher den Atem angehalten haben, als ihnen die Tür zum **Domschatz** aufgeschlossen wurde.

Dieser Schatz zählt zu den umfangreichsten und wertvollsten Sammlungen mittelalterlich-sakraler Kunst, die jemals zusammengetragen wurden. Die Sammlung ist noch heute in eben jenen Räumen zu betrachten, in denen man schon vor mehr als 800 Jahren die kostbaren Stücke aufbewahrte. Neben dem berühmten Schatz ist auch der Dom als Bauwerk in seiner erhabenen Architektur und der reichen Ausstattung bemerkenswert. Für Lieb-

Der Halberstädter Dom, ein Architekturbeispiel für reinste Gotik

Kostbarkeiten aus dem Halberstädter Domschatz, rechts eine Weihbrotschale aus dem 11. Jahrhundert

haber gotischer Baukunst wird der Besuch des Halberstädter Doms zu einem unvergesslichen Erlebnis.

Ruhe, Kraft und stille Schönheit zeichnen die viertürmige romanische **Liebfrauenkirche** an der Westseite des Domplatzes aus. Die kostbaren Stuckreliefs ihrer Chorschranken aus dem frühen 13. Jahrhundert

Detail aus dem Apostel-Teppich

sind von größter handwerklicher Meisterschaft. Auffallend ist die subtile und differenzierte Wirklichkeitsnähe aller dargestellten Figuren, deren künstlerische Qualität in Europa ihresgleichen sucht.

Wie zu „Vater *Gleims*" Zeiten ist auch heute das **Gleimhaus** ein Ort der Freundschaft, der Poesie und der Geselligkeit, angefüllt vom Keller bis zum Dach mit dem Gedankengut der Aufklärung. Der das historische Gebäude ergänzende moderne Anbau steht symbolisch für die hinzugekommenen Aufgaben des Hauses: Forschung, Erschließung, Erhalt und Präsentation. Ganz im Sinne des Dichters gehen heute vom Gleimhaus Impulse für die Erforschung des 18. Jahrhunderts aus.

Der Gleim'sche Freundschaftstempel, eine ebenso schöne wie einzigartige **Porträtgalerie**, versetzt den Betrachter mitten in den Kreis berühmter Geistesgrößen der Aufklärungszeit. *Lessing* ist dabei, auch *Herder*, *Gellert*, *Klopstock*, *Bürger*, *Jean Paul*, *Seume* und viele mehr. Interessiert blicken sie in unsere Gegenwart.

Da hängt auch das Porträt des Domdechanten *von Spiegel*. Würdig schaut er aus dem Rahmen. Den Orden, den der König ihm gestiftet hat, vor seiner Brust. Zieht da ein Lächeln über das Gesicht? Von

Romanische Liebfrauenkirche an der Westseite des Domplatzes

Spiegel lädt in seinen **Park**. Elisabeths Brief aus dem Jahre 1776 erwähnt die Anlage in unfertigem Zustand. Heutige Besucher können sich an Tiergarten und Grotten, an Aussichtsturm und Mausoleum, an Jagdschloss und an noch vielen anderen Dingen mehr erfreuen – ganz wie der Domdechant es damals plante. Und auch die Sensation ist da! Im Kellerraum des kleinen **Schlosses** kann man es sehen und bestaunen, das ungeheure Fass. Es ist das älteste erhaltene **Riesenweinfass**

Der Freundschaftstempel im Gleimhaus

der Welt. König *Friedrich II.* gestattete 1780 die Umsetzung des monströsen Meisterwerks aus dem verfallenen Gröninger Schloss in die Halberstädter Spiegelsberge.

Der neue Standort ist sehr gut gewählt. Es gibt kein Halberstädter Kind, das dieses große Fass nicht kennt. Im Juli 2008 wurde es als ältestes Riesenfass der Welt ins Guinnesbuch der Rekorde aufgenommen.

Im Sinne aufgeklärter Menschenfreundlichkeit hatte Freiherr *von Spiegel* bereits im Jahre 1771 seinen Landschaftspark der Öffentlichkeit zum allgemeinen Wohl übergeben. Damit zählt die weitläufige Anlage zu den frühesten öffentlichen Parkanlagen Deutschlands.

Das Gleimhaus ist Literaturmuseum und Forschungsstätte

Vom Park geht es zurück in das ehemalige Wohnhaus *Spiegels*, das an der Nordseite des Doms steht. In diesem ansehnlichen Gebäude hat seit 1905 das **Städtische Museum** seine Heimstatt. Von der Ur- und Frühzeit ausgehend, findet der Besucher in vielen Abteilungen und Sonderausstellungen spannende Darstellungen der Stadt- und Bistumsgeschichte.

Das vogelkundliche Museum mit seinen umfangreichen Sammlungen und den mächtigen Saurierskeletten erfreut sich bei Ornithologen, Naturfreunden und Kindern großer Beliebtheit. Dieses sehenswerte, nach seinem Gründer *Ferdinand Heine* benannte **Museum Heineanum** verfügt über einen der interessantesten ornithologischen Bestände Deutschlands. Es ist im östlichen Seitengebäude des Städtischen Museums untergebracht.

In der Halberstädter Altstadt liegt jenes Viertel, das ehemals Heimstatt einer großen jüdischen Gemeinde war. Im **Berend Lehmann Museum** wird an das Miteinander der jüdischen und der nicht-jüdischen Einwohner Halberstadts bis ins 20. Jahrhundert erinnert. Museum, Klaussynagoge, Kantorhaus und das „MuseumsKaffee Hirsch" sind Bestandteile der in Halberstadt wirkenden Moses Mendelssohn Akademie.

Neben den Museen ist das **Nordharzer Städtebundtheater** ein bedeutender kultureller Schwerpunkt in Halberstadt. Das Dreispartenhaus zeigt ein breit gefächertes Repertoire. Die Theatertradition in der Region ist lang. Vor mehr als vierhundert Jahren gründete der Halberstädter Bischof *Heinrich Julius von Braunschweig-Wolfenbüttel* in seiner Residenz das erste feststehende Theater Deutschlands. Als Förderer der Kunst, als Verfechter der Reformation, als Ratgeber des Kaisers und als Dramatiker

Das Riesenweinfass im Jagdschloss Spiegelsberge

Die Historische Apotheke im Städtischen Museum

spielte dieser vielseitige Bischof eine bedeutende Rolle im Heiligen Römischen Reich. Er war es auch, der 1594 jenes Riesenfass anfertigen ließ, das Domdechant *von Spiegel* 190 Jahre später vor dem Verfall rettete. Auf diese Art lebt die Erinnerung an den Bischof und seine Zeit in *Spiegels* Parkanlage fort. So schließt sich der Kreis.

Das Berend Lehmann Museum hält die Erinnerung an die jüdische Gemeinde Halberstadts wach

Ballenstedt

Im 22. Brief erzählt Elisabeth der Großmutter von ihren Erlebnissen in der fürstlichen Residenzstadt Ballenstedt. Hier blühten im letzten Drittel des 18. Jahrhunderts Wirtschaft und Kultur in vordem nicht bekanntem Maße. Auf der Allee vom Anhaltinerplatz zum Schloss herrschte pulsierendes Leben. Mägde und Knechte, Handwerker und fliegende Händler, Damen der Gesellschaft und Hofbeamte strebten an Fuhrwerken, Handkarren, Heuwagen, Kutschen und Reitern vorbei zum Schloss hinauf oder kamen von dort herab.

Schloss Ballenstedt

Das Ballenstedter Schlosstheater ist das älteste erhaltene Theater in Sachsen-Anhalt

Ballenstedt ist keine Residenzstadt mehr. Die bunte Lebendigkeit vergangener Tage ist noch heute vorstellbar.

Das Ballenstedter **Schloss**, in dem Prinz *Alexius* und Prinzessin *Pauline* aufwuchsen, kann heute in Teilen besichtigt werden. Die dreiflügelige barocke Anlage wurde in der ersten Hälfte des 18. Jahrhunderts auf den Mauern eines alten Klosters errichtet. Das Westwerk der ehemaligen Klosterkirche aus dem späten 12. Jahrhundert ist in den Schlossbau einbezogen. Hier befindet sich die Grablege *Albrechts des Bären*.

Der Blick vom Schlossplatz auf die breite Allee mit ihren repräsentativen spätbarocken und klassizistischen Wohnhäusern ist ausgesprochen schön.

Die Ballenstedter Allee verbindet Schloss und Stadt

Das **Schlosstheater** ließ Fürst *Friedrich Albrecht von Anhalt-Bernburg* im Jahre 1788 errichten. Es ist im Originalzustand erhalten und damit nicht nur das älteste Theater Sachsen-Anhalts, sondern auch eines der schönsten in Deutschland. Hier gastierten in der Mitte des 19. Jahrhunderts *Albert Lortzing* und *Franz Liszt*.

Überhaupt hat Ballenstedt eine interessante Musiktradition. Fürst *Friedrich Albrecht* unterhielt in seiner Residenz eine Hofkapelle, deren Leitung von 1782 bis 1797 in den Händen *Carl Christian Agthes* lag. Der als Konzertmeister, Cellist und Hoforganist von seinen Zeitgenossen hoch geschätzte *Agthe* fertigte auch meisterhafte Kompositionen und Libretti. Er schrieb Opern, Kantaten, Sinfonien, Lieder, Tänze, Kammermusik und Orgelstücke. Vor ein paar Jahren sorgte eine spektakuläre Meldung für Aufregung in der Fachwelt. *Carl Maria von Weber*, so hieß es, habe die Musik für seinen Freischütz aus *Agthes* Werken „entliehen". Auf den ersten Blick ließ das aufgefundene Notenmaterial eine derartige Schlussfolgerung zu. Weiterführende Recherchen konnten den geäußerten Verdacht allerdings nicht bestätigen. Doch auch ohne derartige sensationelle Enthüllungen gibt es in Ballenstedt zahlreiche musikalische Höhepunkte. Konzerte in der Schlosskirche, im Schlosstheater oder im Schlosspark erfreuen sich großer Beliebtheit. Der **Schlosspark** wurde im 18. Jahrhundert angelegt. Sein heutiges Aussehen erhielt er 1858 von dem berühmten Gartenkünstler und Landschaftsarchitekten *Peter Joseph Lenné*. Mit der Wasserachse, dem speienden Ungeheuer, den Pavillons, der alten Schlossmühle, den mächtigen Bäumen und den verträumten Wegen ist er jedes Jahr aufs Neue eine wunderbare Kulisse für die vielen hochkarätigen Veranstaltungen des Ballenstedter Musiksommers.

In einem herrschaftlichen Barockgebäude direkt am Schlossplatz, das einst der Hofmarschall *von Seelhorst* bauen ließ, befindet sich heute das **Heimatmuseum**. Verschiedene stadtgeschichtliche Abteilungen informieren über die Siedlungs-, Kultur- und Wirtschaftsentwicklung des Ortes und der näheren Region. Die Zeit zwischen 1765 und 1863, in der Ballenstedt Residenzstadt war, ist besonders hervorgehoben. Hier wird die maßgebliche Rolle, die Fürst *Friedrich Albrecht von Anhalt-Bernburg* bei der urbanen Entwicklung Ballenstedts spielte, deutlich. In der zweiten Hälfte des 18. Jahrhunderts war Ballenstedt Mittelpunkt des anhaltischen Kulturlebens.

Die Räume, die an den Hofmaler, Kammerherrn und Schriftsteller *Wilhelm von Kügelgen* erinnern, erfüllen das Museum mit dem Glanz des Besonderen. *Kügelgen* war eine der bedeutendsten Persönlichkeiten Ballenstedts. Seine „Jugenderinnerungen eines alten Mannes" und die aus Briefen und Tagebuchaufzeichnungen zusammengestellten „Lebenserinnerungen …" zeichnen präzise beobachtet, humorvoll und lebendig ein Bild seiner Zeit. Bis ins 20. Jahrhundert erfreuten sich *Kügelgens* Bücher größter Beliebtheit. Eine parallel zur Allee verlaufende Straße ist nach ihm benannt.

Östlich vom Schlossplatz, in etwas mehr als einem Kilometer Entfernung liegt der historische Kern Ballenstedts. Besonders sehenswert ist der **Alte Markt** mit dem ehemaligen Rathaus, einem zweigeschossigen Fachwerkbau, über dessen Doppeltür das Wappen der Fürsten von Anhalt-Bernburg prangt. Doch Vorsicht! Die Doppeltür führt links in das Standesamt, rechts in ein griechisches Restaurant. Wer hier die falsche Klinke erwischt …

Links neben dem Standesamt in einem durchaus gelungenen, 1992 fertiggestellten Anbau ist die **Fürstin-Pauline-Bibliothek** untergebracht. Sie erfüllt einerseits die Aufgaben einer modernen öffentlichen Bücherei, andererseits ist sie Sachwalterin für Teilbestände der herzoglichen Bibliothek des Fürstenhauses Anhalt-Bernburg und des Stadtarchivs. Die Bibliothek ist nach der Fürstin *Pauline Christine Wilhelmine zu Lippe-Detmold* benannt, die als Prinzessin von Anhalt-Bernburg im Schloss Ballenstedt lebte. *Pauline* verkörperte wie sonst nur wenige andere Herrscher jener Zeit das Wesen des aufgeklärten Fürsten. Als Kind las sie am liebsten geschichtliche und geografische Bücher. Später studierte sie erziehungswissenschaftliche Werke. Da am fürstlichen Hof kein nennenswerter Bücherbestand vorhanden war, begann sie schon als Kind, den Grundstock für eine auserlesene Bibliothek anzulegen. Anfangs ließ sie alle selbst gekauften Bücher in braunes Leder binden und die Buchdeckel mit ihren Initialen in Goldprägung versehen. Die Bibliothek verfügt über einige dieser frühen Exemplare.

Prinzessin *Pauline* stand mit dem Halberstädter Dichter *Gleim* in engem freundschaftlichen Kontakt. Quellen belegen, dass *Gleim* ein Bild von ihr in seinem Freundschaftstempel hängen hatte.[40] Leider ist es nicht mehr im Bestand. *Pauline* dichtete und schrieb Traktate.

Als der Fürst aus gesundheitlichen Gründen immer weniger in der Lage war, sein Land zu regieren, übernahm *Pauline* in wachsendem Umfang dessen Pflichten. Nach ihrer Vermählung mit *Friedrich Wilhelm Leopold zur Lippe* im Januar 1796 verließ sie Ballenstedt und lebte an der Seite ihres Mannes am Detmolder Hof. Der frühe Tod des Gatten im April 1802 veranlasste sie, stellvertretend für ihren Sohn an die Spitze des Fürstentums Detmold-Lippe zu treten. In achtzehn Regierungsjahren gelang ihr Großartiges. Sie milderte das Elend der ärmsten Volksschichten, indem sie für die Verbesserung des Armenwesens sorgte, ließ eine Erwerbs- und Freischule, ein Kranken- und Waisenhaus, ein Schullehrerseminar und andere, für das Allgemeinwohl nützliche Institute errichten. Gegen große Widerstände ließ sie auch eine Anstalt für Geistigbehinderte einrichten. Ihre „Aufbewahrungs-Anstalt kleiner Kinder" war die erste Einrichtung dieser Art auf deutschem Boden, die man als Vorform des Kindergartens interpretieren

Pfarrhaus und Kirche in Molmerswende,
dem Geburtsort Gottfried August Bürgers

Das Münchhausen-Zimmer im Gottfried-August-Bürger-Museum

kann. Hier wurden die Kinder gewaschen und gekämmt, mit „reiner Wäsche" bekleidet und mit Brot, Milch, Gemüse und Suppen beköstigt. Bei schönem Wetter hielten sich die Kleinen unter Aufsicht im Garten, bei schlechtem Wetter im Haus auf, wo man sie mit Spielen und Liedern unterhielt. Zahllose Besucher aus dem In- und Ausland kamen nach Detmold, um diese „Aufbewahrungs-Anstalt kleiner Kinder" kennenzulernen. Insbesondere die Engländer zeigten großes Interesse an der Einrichtung.

Fürstin *Pauline* setzte etliche Reformen durch, förderte das Schulwesen, hob die Leibeigenschaft auf und gab ihrem Land die erste Verfassung.

Der Prinzessin im Geiste verwandt und auch wie diese ein Freund *Gleims* war *Gottfried August Bürger*, den besonders die Kinder bis heute wegen seiner Lügengeschichten des Freiherrn *von Münchhausen* lieben. *Bürger* wurde in Molmerswende, einer kleinen Gemeinde in der Nähe Ballenstedts geboren. Das **Gottfried-August-Bürger-Museum** im alten Pfarrhaus des Ortes erinnert in gelungener Weise an den großen deut-

Die Burg Falkenstein hoch über dem romantischen Selketal zählt zu den größten und eindrucksvollsten Burgen des Harzes

schen Dichter und kritischen Geist seiner Zeit. Der Weg nach Molmerswende führt durch Meisdorf und an der **Burg Falken-stein** vorbei. Die Orte liegen nur wenige Autominuten ausein-ander und sind allemal einen Besuch wert.

Auf der Burg Falkenstein erinnert eine Ausstellung an den Rit-ter *Fike von Repgow*, der hier zwischen 1220 und 1235 im Auf-trage des Grafen *Hoyer von Falkenstein* den „Sachsenspiegel", das bedeutendste Rechtsbuch des Mittelalters geschrieben haben soll.

Tipps zur Erkundung der Region

■ **Der Harz** zieht seit alters her mit seinen dichten Wäldern, schroffen Tälern, bizzaren Felsklippen und ausgedehnten Hochebenen die Menschen in seinen Bann. Hier verschmelzen Mythen, Sagen und Märchen mit Zeugnissen realer Geschichte und Traditionen zu einem Kulturraum von einzigartiger Vielfalt. Die Fantasie, selbst nüchterner Betrachter, entzündete und entzündet sich noch heute beim Anblick des geheimnisvollen Brockens oder Blocksbergs.

Dichter und Naturgelehrte durchstreiften den Harz. Es gibt eine Vielzahl von Reiseberichten. *Klopstock*, *Gleim*, *Goethe*, *Novalis*, *Heine* und andere Berühmtheiten beschrieben und besangen das reizvolle Mittelgebirge im Zentrum Deutschlands. Der Harz ist aufgrund seiner zentralen Lage, seiner landschaftlichen Schönheit und charakteristischen naturräumlichen Ausstattung eines der bedeutendsten Fremdenverkehrsgebiete Mitteleuropas. Mehr als 10 Millionen Gästeübernachtungen werden jährlich gezählt.

Wildkatze im Harz

■ **Der Nationalpark Harz** entstand in seiner heutigen Form am 1. Januar 2006 durch Zusammenlegung der ursprünglich eigenständigen Parks in Sachsen-Anhalt und Niedersachsen mit einer unter Schutz gestellten Gesamtfläche von ca. 24.700 ha. Er ist der einzige Nationalpark Deutschlands, der sich über zwei Bundesländer erstreckt.

Herbststimmung im Harzwald

Zu den wichtigsten Aufgaben gehört die Umweltpädagogik. Damit kann die zielgruppenorientierte Informations- und Bildungsarbeit des Nationalparks in breiter Öffentlichkeit wirksam werden. Erfahrene Ranger, die Nationalpark-Häuser, das Nationalpark-Bildungszentrum Sankt Andreasberg und die Nationalpark-Informationsstellen sind wichtige Bestandteile der Besucherbetreuung und Umweltbildung im Gelände. Der Nationalpark Harz ist Teil des europäischen Schutzgebietssystems „Natura 2000".

Museen und andere Sehenswürdigkeiten

Museum Aschersleben
Markt 21
06449 Aschersleben
Telefon: 0 34 73/95 84 30
Internet: www.aschersleben.de
Stadtgeschichtliche Themen, die Ausstellungen zur Ur- und Frühgeschichte und der auf dem Museumsgelände befindliche Tempel einer Freimaurerloge, der obwohl die Loge noch aktiv ist, besichtigt werden kann, sind die Hauptattraktionen dieses Museums.
❶ Verkehrsverein Aschersleben e. V.

Portal zur Geschichte – Schätze neu entdecken Bad Gandersheim
Museumsleitung
Brunshausen 2
37581 Bad Gandersheim
Telefon: 0 53 82/95 56 47
Internet: www.portal-zur-geschichte.de
1.200 Jahre Geschichte bis zu den Vorfahren der ottonischen Herrscher, die erste deutsche Dichterin Roswitha von Gandersheim und einen Stiftsschatz kann der Besucher an verschiedenen Museen und Plätzen in Bad Gandersheim entdecken.
❶ Touristinformation Bad Gandersheim

Fürstin-Pauline-Bibliothek
Alter Markt 9
06493 Ballenstedt
Telefon: 03 94 83/9 67 43
Internet: www.bibliothek-ballenstedt.de
Ein wertvoller und umfangreicher Bestand von Büchern geht auf die Bibliothek des Fürstenhauses Anhalt-Bernburg im 18. Jahrhundert zurück.
❶ Tourist-Information Ballenstedt

Schloss und Park
Schlossplatz 3
06493 Ballenstedt
Eintritt frei, für Führungen
Telefon: 03 94 83/8 25 56,
Internet: www.gartentraeume-sachsen-anhalt.de
Schloss und Park Ballenstedt bilden ein hochrangiges Beispiel für die Gartenkunst des 18. und 19. Jahrhunderts. Der Park wird vor allem durch die Wasserachse geprägt. Im Schloss befindet sich das Grabmal Albrechts des Bären.
❶ Tourist-Information Ballenstedt

Städtisches Heimatmuseum Ballenstedt
Allee 37
06493 Ballenstedt
Telefon: 03 94 83/88 66
Internet: www.ballenstedt-information.de
Die Stadtgeschichte, insbesondere die Residenzzeit der Fürsten von Anhalt-Bernburg von 1767 bis 1863, ist Thema der Dauerausstellung. Ziel des Museums ist es auch, das Andenken an den Hofmaler und Kammerherrn Wilhelm von Kügelgen zu bewahren.
❶ Tourist-Information Ballenstedt

Burg und Festung Regenstein
Platenbergweg
38889 Blankenburg
Telefon: 0 39 44/6 12 90
Internet: www.blankenburg.de

Die Burgruine, die auf einem markanten Fels- sporn steht, ist mit einer bewegten Geschichte verbunden. Sehenswert sind die aus dem Sandstein herausgetriebenen Felsräume, die einst einen Teil der Burg bildeten.
🛈 Touristinformation Blankenburg

Großes Schloss
Großes Schloss 1
38889 Blankenburg
Telefon: 0 39 44/36 83 75
Internet: www.rettung-schloss-
blankenburg.de
Herzog Ludwig Rudolf zu Braunschweig- Wolfenbüttel beauftragte ab 1705 den Landbaumeister Hermann Korb mit dem Umbau des alten Schlosses zu einer barocken Residenz, deren höfisches Leben sich in den noch öffentlichen Räumen widerspiegelt.
🛈 Touristinformation Blankenburg

**Historische Gesellenherberge
Herbergsmuseum**
Bergstr. 15
38889 Blankenburg
Telefon: 0 39 44/36 50 07
Internet: www.blankenburg.de
Der Besucher erhält einen Einblick, wie eine Herberge für Handwerksgesellen auf der Wanderschaft im 19. Jahrhundert ausgese- hen hat, und erfährt mehr über die Hinter- gründe der Walz.
🛈 Touristinformation Blankenburg

 Museum Kleines Schloss
Schnappelberg 6
38889 Blankenburg
Telefon: 0 39 44/26 58
Internet: www.blankenburg.de

In der Ausstellung wird u. a. Wissenswertes über die Residenzzeit des Herzogs Ludwig Rudolf zu Braunschweig-Wolfenbüttel, eines Sohnes des Braunschweiger Herzogs Anton Ulrich, gezeigt und der europaweiten Verflechtung des kleinen Fürstentums in den Bereichen Politik, Kunst und Kultur nachgegangen.
🛈 Touristinformation Blankenburg

 Schlossgärten Blankenburg
Schnappelberg 6
38889 Blankenburg
Eintritt frei, für Führungen
Telefon: 0 39 44/28 98
Internet: www.gartentraeume-
sachsen-anhalt.de
Die weitläufige Anlage mit dem Barock-, dem Fasanen- sowie einem Berggarten mit Teehaus und einem in die Landschaft übergehenden Park lädt zu Spazier- gängen ein.
🛈 Touristinformation Blankenburg

 Stiftung Kloster Michaelstein
Michaelstein 3
38889 Blankenburg
Telefon: 0 39 44/90 30-0
Internet: www.kloster-michaelstein.de
Musikalisch geht es in dem idyllischen ehemaligen Zisterzienserkloster zu. Das Musikinstitut für Aufführungspraxis, die Landesmusikakademie und eine Musikinstrumenten-Ausstellung pflegen das musikalische Erbe.
🛈 Touristinformation Blankenburg

Brockenhaus

Brockenhaus GmbH

Brocken

Telefon: 03 94 55/5 00 05

Internet: www.brockenmuseum.de

Im Museum werden alle Fragen rund um den Brocken in den Bereichen Natur, Mythen und (Militär)Geschichte unterhaltsam beantwortet.

❶ Kurbetrieb Schierke am Brocken

Oberharzer Wasserregal

Harzwasserwerke GmbH

Erzstr. 24

(ehemaliger Kaiser-Wilhelm-Schacht)

38678 Clausthal-Zellerfeld

Telefon: 0 53 23/93 92-0

Internet: www.harzwasserwerke.de

Das zwischen dem 16. und 19. Jahrhundert entstandene bergbauliche Wasserwirtschaftssystem mit seinen vielen technischen Denkmalen gehört zu den größten und historisch bedeutsamsten.

❶ Tourist-Information
   Clausthal-Zellerfeld

Oberharzer Bergwerksmuseum

Bornhardstr. 16

38678 Clausthal-Zellerfeld

Telefon: 0 53 23/9 89 50

Internet: www.oberharzerbergwerks-museum.de

Der Oberharzer Bergbau mit seinen technischen Errungenschaften und damit verbundenen kulturgeschichtlichen Leistungen ist Schwerpunktthema eines der ältesten Technikmuseen Deutschlands.

❶ Tourist-Information
   Clausthal-Zellerfeld

Kloster Drübeck

Klostergarten 6

38871 Drübeck

Eintritt frei, für Führungen

Telefon: 03 94 52/9 43 30

Internet: www.kloster-druebeck.de

Die über 1.000 Jahre alte Klosteranlage ist heute Naherholungsort, Evangelisches Zentrum und Tagungsstätte. Die auffälligen Stiftsdamengärten und der Garten der Äbtissin laden zum Verweilen ein.

❶ Wernigerode-Tourismus GmbH

Rübeländer Tropfsteinhöhlen –
Baumannshöhle

Blankenburger Str. 36

38889 Elbingerode, OT Rübeland

Telefon: 03 94 54/4 91 32,

Internet: www.harzer-hoehlen.de

Mit ihren seit 1646 ersten organisierten Führungen ist die Baumannshöhle eine der ältesten Schauhöhlen und fasziniert bis heute mit bizarren Gesteinsformationen, die regelmäßig auch Kulisse für Theateraufführungen sind.

❶ Tourist-Information Elbingerode

Rübeländer Tropfsteinhöhlen –
Hermannshöhle

Hasselfelder Str. 3

38889 Elbingerode, OT Rübeland

Telefon: 03 94 54/4 91 32

Internet: www.harzer-hoehlen.de

Bizarre Tropfsteingebilde, funkelnde Calzitkristalle und ein See sind die Heimat der einzigen in Deutschland vorkommenden

Grottenolme in der 1866 entdeckten Hermannshöhle.
ℹ Tourist-Information Elbingerode

Museum Burg Falkenstein
06543 Falkenstein, OT Pansfelde
Telefon: 03 47 43/5 35 59-0
Internet: www.burg-falkenstein.de
Die am besten erhaltene Burg im Harzraum prangt erhaben über dem Selketal. Zu ihren Besonderheiten gehört die Verbindung mit der Entstehung des Sachsenspiegels, einem mittelalterlichen Rechtsbuch.
ℹ Servicecentrum Gartenhaus

St. Cyriakus Stiftskirche Gernrode
Burgstr. 3
06507 Gernrode
Telefon: 03 94 85/2 75
Internet: www.stiftskirche-gernrode.de
Der imponierende, vorromanische Bau weist kaum rechte Winkel auf und enthält als wichtigste Ausstattung das älteste erhaltene Beispiel einer Nachbildung des Grabes Christi in Jerusalem.
ℹ Gernrode-Information

Goslarer Museum
Königsstr. 1
38640 Goslar
Telefon: 0 53 21/4 33 94
Internet: www.goslar.de
Eine Zeitreise durch die (Kunst)Geschichte der Stadt Goslar und der Alltag des Stadtbürgers in den vergangenen Jahrhunderten wird anhand herausragender Einzelobjekte dargestellt.
ℹ Tourist-Information Goslar

Huldigungssaal im Rathaus
Markt 1
38640 Goslar
Telefon: 0 53 21/78 06 30
Internet: www.goslar.de
Ein seltenes und beeindruckendes Beispiel spätgotischer Raumkunst ist der Huldigungssaal. Sowohl beim Blick in den geschützten Originalraum als auch beim Sitzen auf den Ratsherrenbänken in der Nachbildung fasziniert die Vielfalt der Tafelgemälde.
ℹ Tourist-Information Goslar

Kaiserpfalz mit St. Ulrichskapelle
Kaiserbleek 6
38640 Goslar
Telefon: 0 53 21/3 11 96 93
Internet: www.goslar.de
Als Ort zahlreicher Reichsversammlungen in der Zeit der Wanderkaiser und als herausragendes Denkmal weltlicher Baukunst der Romanik ist die Kaiserpfalz einzigartig. In der sich an seine Lieblingspfalz anschließenden Kapelle ruht das Herz Heinrichs III.
ℹ Tourist-Information Goslar

Mönchehaus-Museum für Moderne Kunst
Mönchestr. 1
38640 Goslar
Telefon: 0 53 21/2 95 70
Internet: www.moenchehaus.de
Neben wechselnden Ausstellungen zur Modernen Kunst ist es vor allem die Werksammlung der internationalen „Kaiserring"-Preisträger, die die Besucher anlockt.
ℹ Tourist-Information Goslar

Museum im Zwinger
Thomasstr. 2
38640 Goslar
Telefon: 0 53 21/4 31 40
Internet: www.zwinger.de
In der mächtigen Festungsbaute „Dicker
Zwinger" erhält man einen Überblick über die
Waffenausrüstung und den Strafvollzug des
Mittelalters.
❶ Tourist-Information Goslar

Musikinstrumente- und
Puppenmuseum
Hoher Weg 5
38640 Goslar
Telefon: 0 53 21/2 69 45
Internet: www.goslar.de
Zwei Guinnesbuch-Rekorde finden sich in den
Sammlungen zu außergewöhnlichen Musikin-
strumenten und historischen Puppen, Teddyb-
ären, Blechspielzeugen sowie den Porzellan-
figuren zum Thema „Zauber weiblicher Anmut".
❶ Tourist-Information Goslar

Weltkulturerbe Rammelsberg –
Museum & Besucherbergwerk
Bergtal 19
38640 Goslar
Telefon: 0 53 21/75 00
Internet: www.rammelsberg.de
Eindrucksvoll bringt dieses, auch inter-
national einzigartige Industriedenkmal
über 1.000 Jahre Bergbaugeschichte über
und unter Tage dem Besucher nahe.
❶ Tourist-Information Goslar

Zinnfigurenmuseum in der Lohmühle
Klapperhagen 1
38640 Goslar

Telefon: 0 53 21/2 58 89
Internet: www.zinnfigurenmuseum-
goslar.de
Etwa 50 Dioramen mit Hunderten von Zinn-
figuren illustrieren anschaulich die wechsel-
volle Geschichte der Stadt Goslar.
❶ Tourist-Information Goslar

 Berend Lehmann Museum
für jüdische Geschichte
und Kultur
Judenstr. 25/26
38820 Halberstadt
Telefon: 0 39 41/60 67 10
Internet: www.moses-mendelssohn-
akademie.de
Das Berend Lehmann Museum – benannt
nach dem Hofjuden Berend Lehmann – prä-
sentiert die Geschichte der Juden in Preußen
und nimmt hierbei immer wieder Bezug
auf die bedeutende jüdische Gemeinde in
Halberstadt. Im Museumsgebäude hat sich
eine Mikwe (jüdisches Ritualbad) erhalten.
Das Mikwenhaus ist Teil des historischen
Gebäudeensembles aus der Klaussynagoge,
dem Kantorhaus und dem Grundstück der
zerstörten barocken Gemeindesynagoge, das
im Jahr 2008 künstlerisch gestaltet wurde.
❶ Halberstadt-Information

 Dom und Domschatz
Domplatz 16 a
38820 Halberstadt
Telefon: 0 39 41/2 42 37
Internet: www.dom-und-domschatz.de
In einem der schönsten Kirchenbauten der
Gotik wird an originaler Stelle einer der kost-
barsten Kirchenschätze der Welt präsentiert.
❶ Halberstadt-Information

Gleimhaus
Domplatz 31
38820 Halberstadt
Telefon: 0 39 41/68 71-0
Internet: www.gleimhaus.de
Das Wohnhaus des Halberstädter Dichters, Sammlers und Domsekretärs Johann Wilhelm Ludwig Gleim mit seiner einzigartigen Porträtsammlung des geistigen Deutschlands im 18. Jahrhundert, der historischen Bibliothek und dem Handschriftenarchiv lädt zu einem Besuch ein.
ⓘ Halberstadt-Information

Jagdschloss mit Riesenweinfass im Landschaftspark Spiegelsberge
Spiegelsberge 6
38820 Halberstadt
Telefon: 0 39 41/58 39 95
Internet: www.jagdschloss-halberstadt.de
Das älteste, größte original erhaltende Riesenweinfass der Welt, das jemals mit Wein befüllt war, ist im Jagdschloss Spiegelsberge untergebracht. Das Schloss und der reizvolle umliegende Park wurden im 18. Jahrhundert angelegt.
ⓘ Halberstadt-Information

John-Cage-Orgel-Kunst-Projekt
Burchardikirche
Am Kloster 1
38820 Halberstadt
Telefon: 0 39 41/62 16 20
Internet: www.john-cage.halberstadt.de
In der Burchardikirche, eine der ältesten Kirchen Halberstadts, wird das Orgelstück „Organ2 /

ASLSP" von John Cage „as slow as possible" aufgeführt: 639 Jahre – ein Orgelkunstprojekt, das internationale Aufmerksamkeit findet.
ⓘ Halberstadt-Information

Museum Heineanum
Domplatz 36
38820 Halberstadt
Telefon: 0 39 41/55 14 60
Internet: www.heineanum.de
Eine der größten privaten Vogelsammlungen des 19. Jahrhunderts bildet den Grundstock für dieses Museum über die Welt der Vögel.
ⓘ Halberstadt-Information

Schraube Museum
Voigtei 48
38820 Halberstadt
Telefon: 0 39 41/55 14 70
Internet: www.museum-halberstadt.de
Durch einen Nachlass von Margarete Schraube ist das Wohnumfeld einer gutbürgerlichen Familie des 19. Jahrhunderts nahezu authentisch erhalten geblieben und kann besichtigt werden.
ⓘ Halberstadt-Information

Städtisches Museum Halberstadt
Domplatz 36
38820 Halberstadt
Telefon: 0 39 41/55 14 74
Internet: www.museum-halberstadt.de
Das schlossähnliche Gebäude diente dem Domdechanten und Aufklärer Ernst Ludwig von Spiegel zu Wohn- und Verwaltungszwecken. Der geplante Umbau konnte durch den Ankauf der Kurie durch die Stadt 1904 verhindert werden. Der Barockbau aus dem

*letzten Viertel des 18. Jahrhunderts beher-
bergt seit 1905 die historischen Sammlungen
der Stadt Halberstadt.*
ℹ️ Halberstadt-Information

Heimatstube Blumenaumuseum Hasselfelde

Breite Str. 17
38899 Hasselfelde
Telefon: 03 94 59/7 13 69
Internet: www.hasselfelde.de
*Harzer Wohnkultur um 1900 und Wissens-
wertes zum 1819 in Hasselfelde geborenen
bedeutenden Kolonisten Dr. Hermannn Blumenau, nach dem eine Großstadt in Brasilien
benannt ist, sind die Themen des Museums.*
ℹ️ Touristeninformation Hasselfelde

Pullmann City Harz

Rosental 1
38899 Hasselfelde
Telefon: 03 94 59/73 10
Internet: www.pullmancity-2.com
*Die im Harz liegende „Westernmetropole"
vermittelt den Besuchern lebendig die ameri-
kanische Kultur- und Lebensweise Mitte
des 19. Jahrhunderts.*
ℹ️ Touristeninformation Hasselfelde

Köhlereimuseum Stemberghaus

Stemberghaus 1
38899 Hasselfelde
Telefon: 03 94 59/7 22 54
Internet: www.harzkoehlerei.de
*Das alte Handwerk der Holzkohleerzeugung
und das entbehrungsreiche Leben der Köhler
werden in einer Schauwerkstatt dargestellt,
die bis heute beste Holzkohle herstellt.*
ℹ️ Touristeninformation Hasselfelde

Mansfeld-Museum

Schlossstr. 7
06333 Hettstedt
Telefon: 0 34 76/20 07 53
Internet: www.mansfeld-museum-
hettstedt.de
*Ein getreuer Nachbau der ersten deutschen
Dampfmaschine Watt'scher Art, die 1785
bei Hettstedt zum Einsatz kam, ist eine
Sehenswürdigkeit des technischen Museums.*
ℹ️ Stadtinformation Hettstedt

Kloster Huysburg

38838 Huy, OT Dingelstedt
Telefon: 03 94 25/9 61-0
Internet: www.huysburg.de
*Die Anfänge des aktiven Benediktinerklosters
gehen bis in das Jahr 1080 zurück. Die Ruhe im
Alltag der dort lebenden Mönche und die sich in
den Gebäuden widerspiegelnde Baugeschichte
lassen den Besucher einen Moment innehalten.*
ℹ️ Halberstadt-Information

Steinkohlen-Besucherbergwerk Rabensteiner Stollen

Netzkater 8
99768 Ilfeld-Netzkater
Telefon: 03 63 31/4 81 53
Internet: www.rabensteiner-stollen.de
*Das einzige Steinkohlen-Besucherbergwerk
des Harzes informiert über die harten Abbau-
bedingungen, interessante Fossilienfunde
und nützliche Bergbautechnik u. a. am
Beispiel authentischer Arbeitsorte.*
ℹ️ Südharztouristik – Ilfeld-Information

Kloster Ilsenburg

Schlossstr. 26
38871 Ilsenburg

Telefon: 03 94 52/1 94 33
Internet: www.denkmalschutz.de/
kloster_ilsenburg.html
Im ehemaligen Benediktinerkloster sind besonders ein romanischer Gipsfußboden mit vielen Verzierungen, der barocke Hochaltar und das Refektorium sehenswert.
🛈 Tourismus GmbH Ilsenburg

Technik- und Hüttenmuseum Ilsenburg
Marienhöfer Str. 9 b
38871 Ilsenburg
Telefon: 03 94 52/22 22
Internet: www.ilsenburg.de
Der Eisenkunstguss und die Metallindustrie, die Ilsenburg prägten, sind hier anschaulich dargestellt. Einen Gegenpol dazu bildet die Gemäldegalerie mit Werken von Malern aus der Zeit der Romantik.
🛈 Tourismus GmbH Ilsenburg **Schloss**

Höhlenwohnungen Langenstein
Internet: www.langenstein-vorharz.de
Jahrhundertelang lebten in Langenstein Menschen in Höhlenwohnungen, die aus dem Sandstein herausgehauen wurden. Noch heute können einige dieser ungewöhnlichen Behausungen besichtigt werden.
🛈 Halberstadt-Information

 ### Park und Schloss Langenstein
Bahnhofstr. 14 b
38895 Langenstein
Park frei zugänglich, Schlossbesichtigung nach Anmeldung Telefon: 0 39 41/5 66 40
Internet: www.gartentraeume-
sachsen-anhalt.de
Vom Landschaftspark des 19. Jahrhunderts sind vor allem viele Baum-Exoten erhalten

geblieben, das barocke Schloss gehörte einst Frau von Branconi. Zu Gast in Langenstein war u. a. Goethe.
🛈 Halberstadt-Information

 ### Gottfried-August-Bürger-Museum
Hauptstr. 14
06543 Molmerswende
Telefon: 03 47 79/2 05 80
Internet: www.gottfried-august-buerger-
molmerswende.de
Im ehemaligen evangelischen Pfarrhaus, Geburtshaus des Dichters Gottfried August Bürger, befindet sich eine Ausstellung zu seinem Leben sowie zu seinem bekanntesten Werk „Abenteuer des Freiherrn von Münchhausen". Des Weiteren erfährt man mehr über das alte Handwerk im Harz.
🛈 Touristinformation Harzgerode

 ### Abteigarten und Brühlpark
Platz des Friedens
06484 Quedlinburg
Eintritt frei, für Führungen
Telefon: 0 39 46/90 56 25
Internet: www.gartentraeume-
sachsen-anhalt.de
Der Abteigarten, der im 18. Jahrhundert eine symmetrische Gestaltung erhielt, und der Brühlpark, dessen Flächen durch ein Alleenkreuz eingeteilt wurden, sind heute wie damals durch eine dominante barocke Achse als eine Einheit erlebbar.
🛈 Quedlinburg-Tourismus-Marketing GmbH

Fachwerkmuseum „Ständerbau"
Wordgasse 3
06484 Quedlinburg

Telefon: 0 39 46/38 28
Internet: www.quedlinburg.de
*Das in einem historischen Ständerbau
untergebrachte Museum informiert über die
Geschichte der Fachwerkbaukunst sowie über
Restaurierungs- und Rekonstruktionsleistun-
gen in Quedlinburg.*
ⓘ Quedlinburg-Tourismus-Marketing GmbH

Klopstockhaus Quedlinburg
Schlossberg 12
06484 Quedlinburg
Telefon: 0 39 46/26 10
Internet: www.quedlinburg.de
*Im Geburtshaus des Dichters und Begründers
der deutschen Klassik Friedrich Gottlieb Klop-
stock können Ausstellungen zu seinem Leben
und Werk, zu Dorothea Christiana Erxleben,
der ersten deutschen promovierten Ärztin, zu
Johann Christoph Friedrich GutsMuths und zu
Carl Ritter besucht werden.*
ⓘ Quedlinburg-Tourismus-Marketing GmbH

Lyonel-Feininger-Galerie
Finkenherd 5 a
06484 Quedlinburg
Telefon: 03946/2238
Internet: www.feininger-galerie.de
*Eine international bedeutende Anzahl von
Druckgrafiken Feiningers befindet sich
im Bestand der Galerie. Diese wie auch Kunst
des 20. Jahrhunderts und der Gegenwart sind
in wechselnden Ausstellungen zu sehen.*
ⓘ Quedlinburg-Tourismus-Marketing GmbH

Rathaus Quedlinburg
Markt 1
06484 Quedlinburg
Internet: www.quedlinburg.de

*Wahrzeichen des Quedlinburger Marktes
ist das Rathaus, im Kern eines der ältesten
Profanbauten aus der Zeit der Gotik. Der
2,75 Meter hohe Roland an der Seite des
Gebäudes lenkt die Blicke auf sich.*
ⓘ Quedlinburg-Tourismus-Marketing GmbH

**Schlossmuseum
Quedlinburg**
Schlossberg 1
06484 Quedlinburg
Telefon: 0 39 46/90 56 81
Internet: www.quedlinburg.de
*Das in einem Renaissanceschloss unterge-
brachte Museum vermittelt seinen Besuchern
einen Überblick über die Entwicklung des
Burgberges von der Königspfalz Heinrich I. zum
freiweltlichen reichsunmittelbaren Damenstift.
Die Prunkgemächer bieten einen Einblick in die
Wohnkultur des 17. und 18. Jahrhunderts.*
ⓘ Quedlinburg-Tourismus-Marketing GmbH

**Stiftskirche St. Servatii und
Domschatz**
Schlossberg 1 g
06484 Quedlinburg
Telefon: 0 39 46/70 99 00
Internet: www.domschatzquedlinburg.de
*Die beeindruckende hochromanische Stifts-
kirche ist Teil des UNESCO-Welterbes Qued-
linburg. Die Kirche selbst, die Grablege des
Königs Heinrich I. sowie seiner Frau Mathilde,
die reich verzierte Krypta und der einzigartige
Domschatz sind die Hauptattraktionen.*
ⓘ Quedlinburg-Tourismus-Marketing GmbH

Roseburg
Rolf Illmer Roseburg gGmbH
Roseburg 1

06507 Rieder
Telefon: 0 30/6 31 63 60,
Internet: www.roseburg-harz.de
Der Theaterarchitekt Bernhard Sehring
ließ sich bei der 1907 erbauten Roseburg
von Baukunst aus mehren Jahrhunderten
inspirieren. Durch die zahlreichen Stilzitate
entstand so eine einmalig wunderliche
Gartenanlage.
ℹ️ Tourist-Information Ballenstedt

Spengler-Museum
Bahnhofstr. 33
06526 Sangerhausen
Telefon: 0 34 64/57 30 48
Internet: www.sangerhausen.de
Neben Wissenswertem zu Flora, Fauna und
Geologie der Goldenen Aue und den stadtge-
schichtlichen Themen ist es vor allem das fast
vollständige Skelett eines Steppenelefanten,
das die Besucher ins Museum zieht.
ℹ️ Tourist-Information Sangerhausen

Bergwerksmuseum Grube Samson
Am Samson 2
37444 Sankt Andreasberg
Telefon: 0 55 82/12 49
Internet: www.harzer-roller.de
Einzigartige Bergbautechnik aus dem 18. und
19. Jahrhundert, wie die weltweit einmalig
erhaltene Drahtseil-Fahrkunst, versetzt den
Interessierten in die Bergbauvergangenheit.
Die Harzer-Roller-Kanarienvogelzucht, ist
ebenfalls Thema einer Ausstellung.
ℹ️ Tourist-Information Sankt Andreasberg

 ### Museum Alte Münze
Niedergasse 19
06547 Stolberg

Telefon: 03 46 54/8 59 60
Internet: www.stadt-stolberg.de
In einem der schönsten Fachwerkhäuser
Stolbergs klärt die Ausstellung u. a. über die
Münzherstellung im 18. Jahrhundert anhand
der einzig komplett erhaltenen und funkti-
onsfähigen Münzwerkstatt Europas auf.
ℹ️ Tourismus-Information Stolberg

Museum Kleines Bürgerhaus
Rittergasse 14
06547 Stolberg
Telefon: 03 46 54/8 59 55
Internet: www.stadt-stolberg.de
Die offene Kochstelle und die historische
Schuhmacherwerkstatt sind die besonderen
Anziehungspunkte im alten Fachwerkhaus, das
vor allem von Handwerkern bewohnt wurde.
ℹ️ Tourismus-Information Stolberg

Stolberger Schloss
06547 Stolberg
Telefon: 03 46 54/4 54
Internet: www.stolberger-schloss.de
Über 700 Jahre residierten im Schloss
die Grafen zu Stolberg-Stolberg. Die
zugänglichen, repräsentativen Räume
des Wahrzeichens der Stadt laden zur
Besichtigung ein.
ℹ️ Tourismus-Information Stolberg

 ### Bergwerksmuseum Grube Glasebach
Glasebacher Weg
06493 Straßberg
Telefon: 039489/226
Internet: www.grube-glasebach.de
Das sowohl Übertage als Untertage sehens-
werte Besucherbergwerk vermittelt u. a.

einen Eindruck vom Bergwerksbetrieb zu DDR-Zeiten, das Bergwerk selbst ist wesentlich älter, einige der Stollen sind aus dem 18. Jahrhundert.

ℹ️ Tourismus-Information Stolberg

Schachmuseum Ströbeck

Platz am Schachspiel 97
38822 Schachdorf Ströbeck
Telefon: 03 94 27/9 98 50
Internet: www.schachmuseum-stroebeck.de
Die Geschichte der jahrhundertealten Schachtradition in dem kleinen Ort, aber auch die Verbindungen zur ‚internationalen Schachszene' werden in der Ausstellung gezeigt.

ℹ️ Halberstadt-Information

Harzer Bergtheater Thale

Hexentanzplatz
06502 Thale
Telefon: 0 39 47/23 24
Internet: www.harzer-bergtheater.de
Auf einer der ältesten und reizvollsten Naturbühnen Deutschlands werden regelmäßig Konzerte, Märchen und klassisches Theater aufgeführt.

ℹ️ Thale-Information

Hüttenmuseum Thale

Walter-Rathenau-Str. 1
06502 Thale
Telefon: 0 39 47/7 22 56
Internet: www.huettenmuseum-thale.de
Hier erhält man Informationen zu Europas ältestem Emaillierwerk, Einblicke in Produktionszweige der Metallurgie und Kenntnisse über die Auswirkung der Metallindustrie auf die Umwelt.

ℹ️ Thale-Information

Kloster Wendhusen

06502 Thale
Telefon: 0 39 47/77 85 63
Internet: www.thale.de
Vom ältesten Kloster auf dem Gebiet des heutigen Bundeslandes Sachsen-Anhalt können noch Teile wie der romanische Kirchturm oder das Herrenhaus aus dem 18. Jahrhundert besichtigt werden.

ℹ️ Thale-Information

Seilbahnen Thale GmbH

Goetheweg 1
06502 Thale
Telefon: 0 39 47/25 00
Internet: www.seilbahnen-thale.de
Die Kabinenbahn oder der Sessellift ermöglichen Ausblicke in das schroffe Bodetal mit seinen grünen Hängen, dem rauschenden Fluss in der Tiefe sowie in die Ferne zum Brocken und zur Teufelsmauer.

ℹ️ Thale-Information

Harzmuseum und Harzbibliothek

Klint 10
38855 Wernigerode
Telefon: 0 39 43/65 44 54
Internet: www.wernigerode.de
Der naturkundliche Teil des Museums widmet sich den Harzer Besonderheiten von Flora und Fauna, in der stadthistorischen Ausstellung steht Wernigerode im Mittelpunkt. Zum Gebäudekomplex gehört die informative Harzbibliothek.

ℹ️ Wernigerode-Tourismus GmbH

Kleinstes Haus

Kochstraße 43
38855 Wernigerode

Telefon: 0 39 43/60 60 16
Internet: www.wernigerode.de
*Das kleine Fachwerkhaus von 1792 ist auf
Grund seiner geringen Größe – 2,95 m breit
und 4,20 m hoch – ein anschauliches Beispiel
für die eingeschränkten Wohnverhältnisse der
Vergangenheit.*
❶ Wernigerode-Tourismus GmbH

Krellsche Schmiede anno 1678
Breite Straße 95
38855 Wernigerode
Telefon: 0 39 43/55 73 73
Internet: www.krellsche-schmiede.de
*In der zwischen 1678 und 1837 von der
Familie Krell betriebenen Schmiede ist heute
ein Handwerksbetrieb, der durch die Arbeit
in einem Denkmal mit historischen Werkzeu-
gen die älteste noch arbeitende Schmiede
Deutschlands ist.*
❶ Wernigerode-Tourismus GmbH

Schlossgärten Wernigerode
Terrassengärten: Am Schloss 1
38855 Wernigerode
Lustgarten: Am Lustgarten
38855 Wernigerode
Eintritt frei, Führungen durch die
Schlossgärten Telefon: 0 39 43/55 30 35
Führungen durch den Lustgarten
Telefon: 0 39 43/60 10 76
Internet: www.gartentraeume-
sachsen-anhalt.de
*Die Parkanlagen, bestehend aus den Terras-
sengärten, dem Tiergarten und dem fürstlichen Lustgarten, geben einen Überblick über
die Gartenkunst vom barocken Garten bis hin
zum „sentimentalen Landschaftspark".*
❶ Wernigerode-Tourismus GmbH

Schloß Wernigerode®
Am Schloss 1
38855 Wernigerode
Telefon: 0 39 43/55 30 30
Internet: www.schloss-wernigerode.de
*Dieses Kleinod des 19. Jahrhunderts enthält
eine Fülle interessanter Zeugnisse wie auch
Räume, die sich dem 18. Jahrhundert wid-
men. Eine der wichtigsten hier dargestellten
Persönlichkeiten ist Graf Christian Ernst zu
Stolberg-Wernigerode (regierte 1710–1771),
dessen Wirken bis in den Norden Deutschlands
und nach Skandinavien nachweisbar ist.*
❶ Wernigerode-Tourismus GmbH

Schaubergwerk & Bergbaumuseum „Röhrigschacht"
Lehde
06528 Wettelrode
Telefon: 0 34 64/58 78 16
Internet: www.roehrigschacht.de
*Der Kupferschieferbergbau prägte über viele
Jahrhunderte die Region des Mansfelder Lan-
des. Hier werden die Besonderheiten im Abbau
dieser Lagerstätten anschaulich vermittelt.*
❶ Tourist-Information Sangerhausen

Forschungsstätte für Frühromantik und Novalis-Museum
Schäfergasse 6
06333 Wiederstedt
Telefon: 0 34 76/85 27 20
Internet: www.novalis-museum.de
*Stammschloss der Familie von Hardenberg,
in dem der international bedeutende*

frühromantische Dichter, Philosoph, Naturforscher und Bergbauspezialist Georg Friedrich Philipp von Hardenberg, genannt Novalis, geboren wurde. Das Haus zeigt Ausstellungen zu Novalis' Leben, Werk und Wirkung.

ℹ️ Stadtinformation Hettstedt

Besucherbergwerk 19-Lachter-Stollen

Im Sonnenglanz
38709 Wildemann
Telefon: 0 53 23/66 28
Internet: www.19-lachter-stollen.de
Dieser Wasserlösungsstollen ermöglichte vielen höher gelegenen Gruben den Betrieb und war damit eine der wichtigsten Anlagen des Oberharzer Silberbergbaus.

ℹ️ Tourist-Information Wildemann

Herzog August Bibliothek

Lessingplatz 1
38304 Wolfenbüttel
Telefon: 0 53 31/80 82 14
Internet: www.hab.de
Die auf das Jahr 1572 zurückgehende Bibliothek war einst die größte und am meisten bewunderte Büchersammlung Europas. Eine international bedeutsame Forschungsbibliothek, Sonderausstellungen und die ständige Erforschung der bibliophilen Kostbarkeiten stehen in dieser Tradition.

ℹ️ Tourist-Information Wolfenbüttel

Lessinghaus

Lessingplatz 1
38304 Wolfenbüttel
Telefon: 0 53 31/80 82 14
Internet: www.hab.de

In dem spätbarocken Hofbeamtenhaus lebte und arbeitete der berühmteste Bibliothekar Wolfenbüttels: Gotthold Ephraim Lessing. Im Literaturmuseum erfährt man, dass hier u. a. Werke wie „Nathan der Weise" entstanden sind.

ℹ️ Tourist-Information Wolfenbüttel

Schloss Wolfenbüttel

Schlossplatz 13
38304 Wolfenbüttel
Telefon: 0 53 31/9 24 60
Internet: www.schloss-wf.de
Das Welfenschloss ist das zweitgrößte seiner Art in Niedersachsen und spiegelt mit seinen Prunkfassaden, Repräsentationsräumen sowie Zeugnissen der Tafelkultur den Machtanspruch und das höfische Leben der Herzöge zu Braunschweig-Lüneburg wieder.

ℹ️ Tourist-Information Wolfenbüttel

Dom und Domplatz in Halberstadt

Touristinformationen

Informationen zum Reiseland Sachsen-Anhalt
IMG – Investitions- und Marketinggesell-schaft des Landes Sachsen-Anhalt mbH
Am Alten Theater 6, 39104 Magdeburg
Telefon: 4 93 91/5 67-70 80
Internet: www.sachsen-anhalt-tourismus.de

Harzer Tourismusverband e. V.
Marktstr. 45, 38640 Goslar
Telefon: 0 53 21/34 04-0
Internet: www.harzinfo.de

Verkehrsverein Aschersleben e. V.
Taubenstr. 6, 06449 Aschersleben
Telefon: 0 34 73/42 46
Internet: www.aschersleben.de

Touristinformation Bad Gandersheim
Stiftsfreiheit 12, 37581 Bad Gandersheim
Telefon: (0 53 82) 73-7 00
Internet: www.bad-gandersheim.de

Tourist-Information Ballenstedt
Anhaltiner Platz 11, 06493 Ballenstedt
Telefon: 03 94 83/2 63
Internet: www.ballenstedt-information.de

Touristinformation Blankenburg
Markt 3, 38889 Blankenburg
Telefon: 0 39 44/28 98
Internet: www.blankenburg.de

Tourist-Information Clausthal-Zellerfeld
Bergstr. 31, 38678 Clausthal-Zellerfeld
Telefon: 0 53 23/8 10 24
Internet: www.oberharz.de

Tourist-Information Elbingerode
Markt 3, 38875 Elbingerode
Telefon: 03 94 54/8 94 87
Internet: www.elbingerode.de

Servicecentrum Gartenhaus
06463 Falkenstein
Telefon: 03 47 43/9 61 01
Internet: www.stadt-falkenstein-harz.de

Gernrode-Information
Suderoder Str. 8, 06507 Gernrode
Telefon: 03 94 85/3 54
Internet: www.gernrode.de

Tourist-Information Goslar
Markt 7, 38640 Goslar
Telefon: 0 53 21/7 80 60
Internet: www.goslar.de

Halberstadt-Information
Hinter dem Rathause 6, 38820 Halberstadt
Telefon: 0 39 41/55 18 15
Internet: www.halberstadt.de

Touristinformation Harzgerode
Markt 1, 06493 Harzgerode
Telefon: 03 94 84/3 24 21
Internet: www.harzgerode.de

Touristeninformation Hasselfelde
Breite Str. 17, 38899 Hasselfelde
Telefon: 03 94 59/7 13 69
Internet: www.hasselfelde.de

Stadtinformation Hettstedt
Markt 1–3, 06333 Hettstedt

Telefon: 0 34 76/80 10
Internet: www.hettstedt.de

Südharztouristik – Ilfeld-Information
Ilgerstr. 51, 99768 Ilfeld
Telefon: 03 63 31/3 20 33
Internet: www.suedharztouristik.de

Tourismus GmbH Ilsenburg
Marktplatz 1, 38871 Ilsenburg
Telefon: 03 94 52/1 94 33
Internet: www.ilsenburg-tourismus.de

Quedlinburg-Tourismus-Marketing GmbH
Markt 2, 06484 Quedlinburg
Telefon: 0 39 46/90 56 24
Internet: www.quedlinburg.de

Tourist-Information
Am Markt 18, 06526 Sangerhausen
Telefon: 0 34 64/1 94 33
Internet: www.sangerhausen-tourist.de

Tourist-Information Sankt Andreasberg
Am Kurpark 9, 37444 Sankt Andreasberg
Telefon: 0 55 82/8 03-36
Internet: www.oberharz.de

Kurbetrieb Schierke am Brocken
Brockenstr. 10, 38879 Schierke
Telefon: 03 94 55/8 68-0
Internet: www.schierke-am-brocken.de

Tourismus-Information Stolberg
Markt 2, 06547 Stolberg
Telefon: 034654/454
Internet: www.stadt-stolberg.de

Thale-Information
Bahnhofstr. 3, 06502 Thale
Telefon: 0 39 47/25 97
Internet: www.thale.de

Wernigerode-Tourismus GmbH
Marktplatz 10, 38855 Wernigerode
Telefon: 0 39 43/5 53 78-35
Internet: www.wernigerode-tourismus.de

Tourist-Information Wildemann
Bohlweg 5, 38709 Wildemann
Telefon: 0 53 23/61 11
Internet: www.wildemann.de

Tourist-Information Wolfenbüttel
Stadtmarkt 7, 38300 Wolfenbüttel
Telefon: 0 53 31/8 62 80
Internet: www.wolfenbuettel-tourismus.de

Anmerkungen

1 *refugieret*: geflüchtet.

2 *Bärentierchen*: eigentlich Bärtierchen (Tardigrada); weniger als einen Millimeter großes achtbeiniges Tier aus dem Überstamm der Häutungstiere.

3 *Diameter*: Durchmesser.

4 *Zeunickenberg*: alte Bezeichnung für Seweckenberg.

5 *dass der berühmte Otto von Guericke das Skelett beschrieben*: In seinen „Neuen Magdeburger Versuchen" 1672, hat Guericke diesen Fossilfund wie folgt beschrieben: „Es trug sich auch in eben diesem Jahre 1663 in Quedlinburg zu, dass man in einem beim Volke Zeunickenberg genannten Berge, wo Gipssteine gebrochen werden, und zwar in einem von dessen Felsen das Gerippe eines Einhorns fand, mit dem hinteren Körperteil, wie dies bei Tieren zu sein pflegt, zurückgestreckt, bei nach oben erhobenem Kopfe auf der Stirn nach vorn ein langgestrecktes Horn von der Dicke eines menschlichen Schienbeins tragend, im entsprechenden Verhältnis hierzu etwa 5 Ellen in der Länge. Das Skelett dieses Tieres wurde aus Unwissenheit beschädigt und stückweise herausgeholt, bis das Haupt mit einem Horn und einigen Rippen, der Wirbelsäule und den Beinen der dort lebenden hochwürdigsten Fürstäbtissin übergeben wurde."

6 *Protogaea*: Protogaea oder Abhandlung von der ersten Gestalt der Erde und den Spuren der Historie in den Denkmalen der Natur, übersetzt von E. C. Ludwig Scheid, Leipzig/Hof 1749.

7 *Raubgraf namens Albrecht*: Graf Albrecht II. von Regenstein.

8 *Fuß*: Längenmaß; 31,385 cm in Preußen.

9 *Gaipel*: Auch Göpel o.ä. (regional verschiedene Schreibweisen); im Bergbau eine von Pferden umgetriebene Fördermaschine zum Heben von Erz und Wasser, zudem das darüber errichtete kegelförmige Gebäude, dessen oben zusammengefügte Balken die senkrecht stehende Göpelwelle hielten.

10 *Pingen*: auch Bingen; im Bergbau kessel- oder trichterförmige Gruben und Löcher von alten eingefallenen Schächten.

11 *„Vadder mit Rat!"*: Gevatter mit Bedacht! Vgl. Renate Krosch: Der Ströbecker Freudensprung, 2. Bde., Ströbeck 2003.

12 *linksgetraute*: Das allg. preußische Landrecht unterschied zwischen Ehefrau und Hausfrau. Die nicht ordnungsgemäß getraute Hausfrau

konnte als zur linken Hand getraute Frau bei einem Manne leben. Sie hatte keine Teilhabe am Rang des Ehemannes. Ihre Kinder waren nicht erbberechtigt. Um die Genehmigung zu einer Ehe zur linken Hand musste höchsten Orts nachgesucht werden. Sie wurde nur in ganz besonderen Fällen erteilt.

13 *des Herzogs*: s. Karl Wilhelm Ferdinand von Braunschweig.

14 *der Große Kurfürst*: Friedrich Wilhelm I. von Brandenburg.

15 *Treibhütten*: Schmelzöfen in denen getrieben, d. h. Metalle durch Schmelzen voneinander getrennt wurden, z. B. Blei, Silber, Kupfer.

16 *Lachter*: im Bergbau übliches Längenmaß; territorial unterschiedlich, in Clausthal 1,924 m.

17 *Zilligerbach*: alte Bezeichnung für Zillierbach.

18 *Freitod Bachmanns*: H. W. Bachmann nahm sich im Jahre 1776 in St. Petersburg das Leben, nachdem er sein Vermögen verloren hatte und in Konkurs geraten war.

19 *Der Grosse Klunkermuz*: ein 1671 anonym erschienenes Buch mit derber Erotik, angeblich zur Warnung und Besserung der Jugend verfasst.

20 *Jungfer Robinsone*: Celibilicribrifacio: Jungfer Robinsone, Oder Die verschmitzte Junge-Magd …, Halle in Schwaben 1723.

21 *Lebensbeschreibung der Fanny Hill*: original: John Cleland: Memoirs of a Woman of Pleasure, London 1749; erotischer Briefroman.

22 *Priapischer Oden*: Obszöne, mitunter fäkalsprachliche Oden von J. H. Voß, G. A. Bürger und F. L. Graf zu Stolberg-Stolberg aus ihrer studentischen Sturm- und Drang-Zeit. Diese „Schmuddellyrik" wurden anonym verbreitet. In Stammbüchern überlieferte man sie als Original-Handschrift oder in Abschriften von Generation zu Generation. Ein erster Druck erschien um 1789 unter dem Titel „Phantasie in drei priapischen Oden dargestellt und im Wettstreit verfertiget von B. V. und St. Letzterer erhielt die Dichterkrone – Berlin, in allen guten Buchhandlungen". Mit Titelkupfer (Amor) von Bolt nach einem Gemälde von A. R. Mengs.

23 *Praeceptor*: Lehrer, Erzieher.

24 *honore praefandus*: (lat.) mit Erlaubnis zu sagen, man verzeihe den Ausdruck.

25 *Einmarsch der preußischen Truppen in Böhmen*: im August 1778 brach der Bayerische Erbfolgekrieg aus. Der Volksmund nannte ihn Kartoffelkrieg, denn die Handlungen der Feinde beschränkten sich allein darauf, dem Gegner die Verpflegungs- und Futtervorräte zu stehlen.

Größere Gefechte oder Schlachten fanden nicht statt. Im Frieden von Teschen (Oberschlesien) verzichtete Sachsen auf seine Ansprüche auf Bayern und erhielt dafür 6 Millionen Gulden Entschädigung.

26 *Contenance*: veraltet für Haltung, Fassung.

27 *Salzgeist*: ältere Bezeichnung für Salzsäure.

28 *Gestalten lebender Bilder*: Als lebende Bilder werden szenische Arrangements von Personen bezeichnet, die für kurze Zeit stumm und bewegungslos den Inhalt eines Werkes der Malerei oder Bildhauerei wiedergeben. Die Kunstform der lebenden Bilder (franz. Tableau vivants) hat ihren Ursprung in Frankreich. In Deutschland setzte sie sich in der zweiten Hälfte des 18. Jahrhunderts durch. In der Goethezeit war sie ausgesprochen beliebt und wurde mit großer Kunstfertigkeit betrieben.

29 *La Nouvelle Héloïse*: Vollständig „Julie ou La Nouvelle Heloïse", deutsch „Julie, oder die neue Heloise". Das sechsbändige Werk Rousseaus erschien im Jahre 1761. Der moralisierende Briefroman wurde förmlich verschlungen, besonders der erste, als überschwänglicher Liebesroman angelegte Teil.

30 *Musarion*: vollständig: „Musarion oder die Philosophie der Grazie", Leipzig 1768, Verserzählung in drei Büchlein. Wieland selbst bezeichnete die darin geschilderte „Philosophie der Grazie", (d.h. harmonische Verbindung von Vernunft und Gefühl und maßvolle Lebensform) als „eine getreue Abbildung" seines Geistes.

31 *grulichen Speukenkram*: gruseliger Spuk-Kram.

32 *Harzschützen*: im Harz und den angrenzenden Gegenden um 1624 entstandene Widerstandsbewegung, die im Guerilla-Kampf versuchte, gegen die furchtbaren Drangsalierungen während des Dreißigjährigen Krieges anzukämpfen.

33 *respondierte*: antwortete.

34 *Löffelt wie Cupido*: flirtet wie Cupido (römischer Liebesgott).

35 *Charmeuren*: charmante Reden führen, liebenswürdig balzen.

36 *Evangeliare und der Reliquienschrein König Heinrichs I.*: Vgl. Friedemann Goßlau: Verloren, gefunden, heimgeholt. Die Wiedervereinigung des Quedlinburger Domschatzes, Quedlinburg 1996.

37 *Regensteiner Raub-Grafen*: Graf Albrecht II. von Regenstein.

38 *Am ehemaligen Geburtshaus*: Das in der Niedergasse 2 stehende Haus ist mit großer Wahrscheinlichkeit das Geburtshaus Thomas Müntzers. Das Haus brannte im Jahre 1851 in Teilen ab und musste neu errichtet werden. Vier Eckständer einer Bohlenstube mit Heili-

genfiguren wurden gerettet und befinden sich heute im Museum „Alte Münze".

40 *ein Bild von ihr*: Vgl. Wilhelm Körte: Johann Wilhelm Ludewig Gleims Leben. Aus seinen Schriften und Briefen, Halberstadt 1811, S. 453 (Paulines Bild für Gleim von Kehrer 1794).

Ortsregister

Personenregister

Agthes, Carl Christian (1762–1797), bedeutender Komponist und Hofkapellmeister; wirkte seit 1782 am Anhalt-Bernburgischen Hof in Ballenstedt. *S. 130 f.*

Albert, Julius (1787–1846), Oberbergrat in Clausthal-Zellerfeld; erfand 1834 das Stahlseil, ersetzte damit die vordem benutzten Hanf- und Kettenseile. *S. 99*

Albrecht der Bär, auch Albrecht der I. von Brandenburg oder Albrecht von Ballenstedt (um 1100–1170), ein Askanier; gründete 1157 die Mark Brandenburg. *S. 129, 147*

Albrecht II., Graf von Regenstein, genannt der Raubgraf (um 1293–1349), Schutzvogt über das Stift Quedlinburg; Lag mit dem Halberstädter Bischof Albrecht II. und den Einwohnern Quedlinburgs in einer schweren Fehde, wurde 1336 von den Quedlinburgern besiegt. Seine Gefangenschaft im „Raubgrafenkasten" ist eine Legende. *S. 20, 77*

Alexius, Erbprinz von Anhalt-Bernburg (1767–1834), vollständig: Alexius Friedrich Christian, seit 1796 Fürst, seit 1806 Herzog von Anhalt-Bernburg; toleranter und aufgeklärter Fürst, verbesserte das Schulwesens, ließ das Straßennetz modernisieren, förderte Bergbau und Hüttenwesen, gründete im Jahr 1810 das Kurbad Alexisbad im Selketal. *S. 51 f., 54, 56 ff., 62, 129*

Anna Amalia (Amalie) Prinzessin von Preußen (1723–1787), jüngste Schwester Friedrichs II. von Preußen, Musikerin, seit 1756 Äbtissin des freiweltlichen Stiftes Quedlinburg; ihre Noten- und Manuskriptsammlung ist als Amalienbibliothek im Bestand der Staatsbibliothek Berlin erhalten. *S. 22*

Anton Ulrich, Herzog von Braunschweig-Wolfenbüttel und Lüneburg (1633–1714), seit 1705 allein regierender Herzog; erweiterte die von seinem Vater übernommene Bibliothek in erheblichem Maße, stellte G. W. Leibniz als Bibliothekar ein, schrieb Romane, Singspiele und dramatische Werke, zählt zu den bedeutendsten Autoren des Barock, war seit 1659 Mitglied der „Fruchtbringenden Gesellschaft". *S. 39, 139*

Arnold, Gottfried (1666–1714), deutscher Theologe und

bedeutender Vertreter des radikalen Pietismus, epochemachender Kirchenhistoriker, Verfasser geistlicher Lyrik; lebte von 1693 bis 1702 mit kurzer Unterbrechung in Quedlinburg, suchte abseits der institutionalisierten Kirche nach den Wurzeln „reinen Glaubens", die er im frühen Christentum fand, sein Hauptwerk ist die „Unparteiische Kirchen- und Ketzerhistorie" (2 Bde., Frankfurt a. M., 1699/1700; Suppl. 1703). *S. 20*

August der Jüngere, Herzog von Braunschweig-Lüneburg, Fürst von Braunschweig-Wolfenbüttel (1579–1666); galt als einer der gelehrtesten Fürsten seiner Zeit; erweiterte die bestehende herzogliche Büchersammlung durch Hinzufügen von Handschriften und Druckwerken zur größten Bibliothek Europas. *S. 39, 105 f., 139*

August Wilhelm, Herzog zu Braunschweig-Wolfenbüttel (1662–1731), seit 1714 regierender Fürst von Braunschweig-Wolfenbüttel; ließ eine umfangreiche Bautätigkeit entfalten, die seiner überzogenen Prunksucht entsprach, frönte einer übersteigerten Sammelleidenschaft, zeigte wenig Interesse für die Staatsgeschäfte. *S. 105*

Aurora von Königsmarck, siehe Königsmarck

Baselitz, Georg (geb. 1938), ursprünglich Hans-Georg Kern, deutscher Maler und Bildhauer, arbeitet seit 1961 unter dem Künstlernamen Georg Baselitz, prägte mit seinen neoexpressionistischen und provokanten Bildern nachhaltig die moderne Kunst. *S. 103*

Becker, Valentin, verm. ehemaliger Bergmann; führte in der zweiten Hälfte des 18. Jahrhunderts Besucher durch die Rübeländer Baumannshöhle. *S. 34 f.*

Bertradis, vermutlich Bertadis II., regierte von 1270 bis 1308 als 17. Äbtissin das freiweltliche Damenstift zu Quedlinburg. *S. 77*

Beuys, Joseph Heinrich (1921–1986), deutscher Zeichner, Bildhauer, Aktionskünstler, Kunsthistoriker, Politiker und Pädagoge; zählt weltweit zu den bedeutendsten Künstlern des 20. Jahrhunderts, vertrat einen „erweiterten Kunstbegriff". *S. 103*

Bismarck, Otto Eduard Leopold von Bismarck-Schönhausen (1815–1898), seit 1865 Graf von Bismarck-Schönhausen, deutscher Staatsmann; war maßgeblich an der 1871 erfolgten Gründung des Deutschen Reiches (als einheitlicher Nationalstaat) beteiligt, wurde erster Kanzler desselben; gilt als „Vater der deutschen Sozialversicherung". *S. 114*

Blumenau, Hermann (1819–1899), deutscher Chemiker; gründete 1850 eine musterhafte deutsche Kolonie in der brasilianischen Provinz Santa Catarina aus der 1880 die Stadt Blumenau hervorging. *S. 82 f., 144*

Branconi, Maria Antoinette (Antonia) *von* (1746–1793), Tochter deutsch-italienischer Eltern, seit 1766 offizielle Mätresse des Erbprinzen Karl Wilhelm Ferdinand von Braunschweig (1735–1806), Freundin Goethes, der von ihrer Schönheit und ihrem Geist fasziniert war; stand mit namhaften Geistesgrößen ihrer Zeit wie J. J. Eschenburg, J. A. Ebert, J. W. L. Gleim, Sophie von La Roche, J. C. Lavater in freundschaftlichem Kontakt, kaufte 1776 das Gut Langenstein, wo sie ein Barockschloss errichten ließ. *S. 30 f., 113, 145*

Bürger, Gottfried August (1747–1794), deutscher Dichter und Jurist; wurde besonders durch seine Balladen und die „Abenteuer des Freiherrn von Münchhausen" bekannt. *S. 56, 124, 133 f., 145*

Casanova, Giacomo Girolamo (1725–1798), italienischer Abenteurer und hochgerühmter Meister in der Kunst des Verführens, Bibliothekar des böhmischen Grafen Waldstein; durchreiste Europa, hielt sich 1764 in Wolfenbüttel auf, war als Autor seiner „Memoiren" besonders erfolgreich. *S. 105*

Chillida Juantegui, Eduardo (1924–2002), spanischer Bildhauer und Zeichner, bedeutender Vertreter der abstrakten Metallplastik; hinterließ neben einer Vielzahl plastischer Kunstwerke ein interessantes druckgrafisches Werk, wurde international mit vielen Preisen und Auszeichnungen geehrt. *S. 103*

Chodowiecki, Daniel (1726–1801) Der Maler und Grafiker war ein loyaler preußischer Untertan, der sich als Pole fühlte und dabei besser französisch als deutsch oder polnisch sprach. Nach dem Tod des Vaters kaufmännische Lehre, später zeichnete und entwarf er Modeschmuck, sein Onkel sorgte für künstlerische Ausbildung und so machte er sich mit seinem Bruder als Miniatur- und Email-maler selbstständig, arbeitete auch als Illustrator (z. B. Werke v. Goethe, Lessing, Schiller usw. auch bei wissenschaftlichen Werken) *S. 14*

Christian Ernst, Graf zu Stolberg-Wernigerode (1691–1771), deutscher Politiker, seit 1710 Regent der Grafschaft Werni-gerode; ließ das Wernigeröder Schloss baulich erweitern und die Schlossgärten mit Orangerie neu gestalten, veranlasste 1736 die Errichtung des Wolkenhäus-chens auf dem Brocken. *S. 90, 115, 149*

Christine Luise, Herzogin von Braunschweig, Prinzessin von Oettingen-Oettingen (1671–1747), Schwiegermutter Kaiser Karls VI., Großmutter der Kaise-rin Maria Theresia. *S. 30*

Christoph Friedrich, Graf zu Stolberg-Stolberg (1672–1738), Begründer der Stolberg-Stolber-gischen Linie; führte den von seinem Vater Christoph Ludwig um 1685 begonnenen Schloss-umbau 1720 zu Ende. *S. 88*

Cook, James (1728–1779), briti-scher Seefahrer und Entdecker; wurde berühmt durch drei Fahr-ten zur Erforschung und Kartie-rung des Pazifischen Ozeans; an der zweiten Reise (1772–1775) waren Johann Reinhold Forster und dessen Sohn Georg betei-ligt; Teile der während dieser Ex-pedition gesammelten Völker-kundlichen Objekte gelangten in die Cook/Forstersammlung des Völkerkundlichen Museums Göttingen. *S. 55*

Dieterich, Johann Christian (1722–1800), deutscher Verleger, enger Freund Georg Christoph Lichtenbergs; brachte u. a. den „Gothaischen genealogischen Kalender", den „Göttinger Ta-schen-Calender" und die Werke G. A. Bürger heraus. *S. 53*

Elisabeth Christine, Prinzessin von Braunschweig-Wolfenbüttel (1691–1750), seit 1708 Gemah-lin Kaiser Karls VI., Titularkai-serin des Heiligen Römischen Reichs Deutscher Nation, Mutter der Erzherzogin Maria Theresia. *S. 111*

Ernst, Max (1891–1976), deutscher Maler und Bildhauer des Da-daismus und des Surrealismus;

entwickelte die Technik der Grattage (Kratztechnik) und der Frottage (Abreibtechnik), sein Werk wurde mit vielen internationalen Preisen und Ehrungen gewürdigt. *S. 103*

Erxleben, Dorothea Christiana (1715–1762), erste promovierte Ärztin Deutschlands, Vorkämpferin für die Gleichberechtigung der Frau in Beruf, Studium und Lehre; begründete ihre Ansicht in mehreren Schriften, wandte sich an den König um ihre Zulassung zur Universität durchzusetzen, bestand im Mai 1754 mit großem Erfolg ihr Promotionsexamen, praktizierte als Ärztin in Quedlinburg und war ihren neun Kindern stets eine liebevolle Mutter. *S. 19 f., 74, 146*

Erxleben, Johann Christian Polycarp (1744–1777), deutscher Naturgelehrter, Professor für Physik und Tierheilkunde an der Georg-August-Universität Göttingen, wo er das Tierärztliche Institut (die erste und älteste veterinärmedizinische Bildungsstätte Deutschlands) gründete; besorgte u. a. auch die Redaktion des von J. Ch. Dieterich herausgegebenen „Göttinger Taschen-Calenders", die er 1777 an Lichtenberg übergab; Sohn von Dorothea Erxleben. *S. 20*

Eschenburg, Johann Joachim (1743–1820), deutscher Schriftsteller, Übersetzer, Literaturhistoriker und Hochschullehrer, seit 1773 Erzieher des Grafen von Forstenberg, der als unehelicher Sohn aus der Verbindung des Erbprinzen Karl Wilhelm Ferdinand von Braunschweig und Maria Antoniette von Branconi hervorgegangen war; gab als enger Freund Lessings Teile von dessen literarischen Nachlass heraus. *S. 30*

Falkenstein, Graf Hoyer II. von (1211–1250), deutscher Adliger aus dem Geschlecht der Edlen von Falkenstein, Schutzvogt des Stiftes Quedlinburg; ließ die Burg Falkenstein erweitern und veranlasste den Ritter Eike von Repgow den „Sachsenspiegel", das erste deutsche Rechtsbuch, zu schreiben. *S. 135*

Feininger, Lyonel Charles Adrian (1871–1956), deutsch-amerikanischer Karikaturist und Maler; wurde 1919 von Walter Gropius als „Meister der Formlehre" ans Bauhaus berufen; von den Nationalsozialisten als „entarteter Künstler" gebrandmarkt, emigrierte er 1937 mit seiner Familie in die USA, wobei ihm der Freund und Kunstsammler Hermann Klumpp aus Quedlinburg half. *S. 75*

Forster, Georg (1754–1794), deutscher Naturforscher, Ethnologe und Reiseschriftsteller, Begründer der modernen Reiseliteratur; nahm an der zweiten Entdeckungsfahrt James Cooks teil, verfocht die Ideale der Französischen Revolution, war Vizepräsident der 1793 gegründeten Mainzer Republik und Abgeordneter im Rheinisch-Deutschen Nationalkonvent. S. 54, 58

Friedrich II., auch Friedrich der Große oder der „Alte Fritz" genannt (1712–1786), seit 1740 preußischer König, Repräsentant des aufgeklärten Absolutismus; schuf in seinem Land ein neues Rechtssystem als Grundlage für die Befreiung der niederen Stände von der Willkür des Adels und für die Loslösung der Bauern aus der Leibeigenschaft, bemühte sich um die Entwicklung der Landwirtschaft und des Schulwesens, war an Kunst und Wissenschaft in jeder Form interessiert, komponierte, dichtete, schrieb zahlreiche Bücher, u. a. den „Anti-Machiavell" (1740) und die Schrift „De la Littérature Allemande" (Über die deutsche Literatur, 1780), in der er, am französischen Vorbild orientiert, die deutsche Literatur verurteilte. S. 30, 53, 125

Friedrich Wilhelm Leopold, Fürst zur Lippe-Detmold (1767–1802), seit 1796 Gemahl der Prinzessin Pauline Christine Wilhelmine von Anhalt-Bernburg. S. 133

Friedrich Albrecht, Fürst von Anhalt-Bernburg (1735–1796), deutscher regierender Fürst aus dem Hause Askanien; verlegte 1765 die Residenz von Bernburg nach Ballenstedt, trug wesentlich zur Entwicklung Ballenstedts bei, verbesserte die Landwirtschaft, das Berg- und Hüttenwesen und die Rechtspflege, erweiterte das Straßennetz; wird als einer der gerechtesten, gütigsten und tätigsten Fürsten seiner Zeit charakterisiert. S. 52, 130 f.

Friedrich Wilhelm I. von Brandenburg (1620–1688), seit 1640 Kurfürst von Brandenburg und Herzog von Preußen, trug ab 1675 den Beinamen der Große Kurfürst; seine entschlossene Politik ebnete den Weg für den späteren Aufstieg Brandenburg-Preußens zur Großmacht. S. 30

Frühling, Heinrich Johann Carl (1839–1911), deutscher Architekt, Schlossbaumeister, seit 1866 Baurat und seit 1884 Bautechnisches Mitglied des Schlossbauamtes Wernigerode; leitete im Auftrage Graf Ottos zu Stolberg-Wernigerode zwischen 1862 und 1885 den Umbau des Wernigeröder Schlosses, entwarf die dazugehörigen Gartenanlagen. S. 114

Funk, Gottlieb Benedict (1734–1814), deutscher Pädagoge, Freund Klopstocks; brachte von 1772 bis 1814 als Rektor die Domschule zu Magdeburg (Dom-Gymnasium) zu nie erlebter Blüte, legte neben der Vermittlung solider Bildung großen Wert auf die Erziehung seiner Schüler im Sinne eines christlichen Wertesystems, gründete 1783 ein Lehrerseminar, wirkte an der ersten staatlichen Prüfungsordnung für das Gymnasialabitur in Preußen mit. S. 48

Gandersheim, Roswitha von (um 035–nach 973) adlige Kanonisse im Stift Gandersheim, erste deutsche Dichterin; verfasste Gedichte, Dramen und Geschichtsdarstellungen u. a. Geschichte Ottos I. von 919 bis 965, stand dem ottonischen Königshaus nahe, pflegte Kontakt zu vielen Gelehrten ihrer Zeit. Ihre Schriften sind heute wertvolle Quellen zur deutschen Frühgeschichte. S. 138

Gellert, Christian Fürchtegott (1715–1769), der Dichter und Moralphilosoph der Aufklärung galt während seines Lebens als meistgelesener deutscher Schriftsteller; bekannt wurde er auch durch seine Vorlesungen über Poesie, Beredsamkeit und Moral an der Leipziger Universität. S. 124

Giseke, Nikolaus Dietrich (1724–1765), deutscher Schriftsteller, studierte in Leipzig Theologie, Prediger in Trautenstein, Hofprediger in Quedlinburger Dom, Superintendent und Konsistorialassessor in Sondershausen. S. 19, 75

Gleim, Johann Wilhelm Ludwig (1719–1803), deutscher Dichter, Sammler und Förderer; studierte ab 1736 Jura in Halle, wandte sich schon in dieser Zeit der Dichtkunst zu, lebte seit 1747 als Domsekretär in Halberstadt, gründete den „Halberstädter Dichterkreis", stand mit den größten Dichtern und Schriftstellern in brieflichem Kontakt, versuchte auf verschiedene Weise jungen Schriftstellern zu helfen; wichtige Bestandteile seines Nachlasses sind neben der historischen Bibliothek etwa 10.000 Briefe und 130 Öl-Porträts. S. 9, 16, 42, 44, 46, 53 f., 104, 122, 124 f., 132, 134, 136, 143

Göbel, Bernd (geb. 1942), deutscher Bildhauer, Professor für

Plastik und Bildhauerei an der Burg Giebichenstein – Hochschule für Kunst und Design in Halle. *S. 87*

Goeckingk, Leopold Friedrich Günther von (1748–1828), preußischer Beamter, Lyriker und Publizist; gehörte zum Freundeskreis um Gleim, war ein Schulfreund G. A. Bürgers, zwischen 1776 und 1779 Mitherausgeber des Göttinger Musenalmanachs. *S. 46*

Goethe, Johann Wolfgang von (1749–1832), deutscher Dichter, Dramatiker, Naturwissenschaftler, Kunsttheoretiker und Staatsmann, bedeutendster Vertreter der Weimarer Klassik, herausragende Persönlichkeit der Weltliteratur. *S. 90, 99, 136, 145*

Goeze, Johan Melchior (1717–1786), deutscher Theologe und Schriftsteller, Vertreter eines orthodoxen Luthertums; wandte sich gegen die weltanschaulichen (und „sittenlosen") Inhalte der Aufklärung und geriet mit einigen ihrer namhaftesten Vertreter in Streit, berühmt wurde die lange, heftige und öffentlich geführte Auseinandersetzung mit Lessing. *S. 104*

Goeze, Johann August Ephraim (1731–1793), deutscher Theologe und Zoologe, Schriftsteller,

Hofdiakon an der Stiftskirche zu Quedlinburg; war eine international anerkannte Kapazität auf dem Gebiet der Eingeweidewürmer (Helminthologie). Sein 1882 erschienenes Buch über die „… Naturgeschichte der Eingeweidewürmer thierischer Körper" war das umfassendste helminthologische Kompendium des 18. Jahrhunderts. Er entdeckte und beschrieb 1772 als erster das Bärtierchen („Tardigrada"). *S. 15 ff., 22 f., 25 f., 28, 31 ff., 38 ff., 43, 48, 50, 53, 74, 78, 104*

GutsMuths, Johann Christoph Friedrich (1759–1839), namhafter deutscher Pädagoge, Begründer des Schulsports; schrieb 1793 das erste systematische Lehrbuch der Turnkunst, trug überdies mit mehreren geografischen Lehrbüchern zur Einführung eines methodischen Geografieunterrichtes bei. *S. 74, 146*

Hardenberg, Georg Friedrich Philipp Freiherr *von* (1772–1801) deutscher Schriftsteller, Frühromantiker, Philosoph und Bergbauingenieur; veröffentlichte ab 1798 seine Werke unter dem Pseudonym Novalis, war u. a. befreundet mit Friedrich Schiller, Ludwig Tieck und Friedrich Schlegel. *S. 136, 150*

Heine, (Christian Johann) *Heinrich* (1797–1856), bedeutender deutscher Schriftsteller und Journalist; gilt als letzter großer Dichter der deutschen Romantik, die er aber durch ironische Brechung bald überwand; erhob das Feuilleton und den Reisebericht zur Kunstform, war in Deutschland wegen seiner jüdischen Herkunft und seiner politischen Ansichten angefeindet, lebte und arbeitete seit 1831 im französischen Exil. *S. 90, 136*

Heine, Ferdinand, sen. (1809–1894), deutscher Jurist, Oberamtmann, Gutsbesitzer und Ornithologe; trug eine der bemerkenswertesten Vogelsammlungen Europas zusammen, begründete damit das Halberstädter „Museum Heineanum". *S. 126*

Heinrich III. (1017–1056), aus der Familie der Salier; er war von 1039 bis zu seinem frühen Tod römisch-deutscher König und seit 1046 Kaiser. *S. 141*

Heinrich Julius, Herzog von Braunschweig-Wolfenbüttel, Bischof von Halberstadt (1564–1613), deutscher Fürst und Dramatiker; galt zu Lebzeiten als einer der gebildetsten Herrscher, war jedoch dem Hexen- und Teufels-glauben seiner Zeit verhaftet, entfaltete eine umfangreiche Bautätigkeit (u.a. Marienkirche in Wolfenbüttel, Dompropstei in Halberstadt, Schloss in Gröningen mit Orgel und Fass), förderte Theater und Schauspiel, war seit 1607 Direktor des Geheimen Rates am Hofe Kaiser Rudolfs II. in Prag. *S. 46, 126*

Heinrich von Braunschweig-Wolfenbüttel, Heinrich II. oder der Jüngere (1489–1568), Herzog von Braunschweig-Lüneburg und Fürst von Braunschweig-Wolfenbüttel, Widersacher der Reformation; wurde von protestantischen Truppen des Schmalkaldischen Bundes besiegt und mehrere Jahre gefangen gehalten, leitete nach seiner Rückkehr 1547 die Rekatholisierung seines Landes ein. *S. 102*

Heinrich I., auch Heinrich der Vogler (876–936), sächsischer Herzog, seit 919 König des Ostfrankenreichs; einigte die Stämme seines Herrschaftsgebietes und gilt als erster deutscher König und Reichsgründer des Heiligen Römischen Reiches Deutscher Nation. *S. 37, 71, 146*

Herder, Johann Gottfried (1744–1803), deutscher Dichter, Theologe, Philosoph, und Übersetzer, einer der einflussreichsten Schriftsteller Deutschlands; zählte neben Wieland, Goethe und Schiller zu den großen Weimarer Klassikern. *S. 124*

Humboldt, Friedrich Wilhelm Heinrich Alexander von (1769–1859), deutscher Naturforscher, Humanist und Mäzen; wirkte auf verschiedenen naturwissenschaftlichen Gebieten, gründete die erste Arbeiter-Berufsschule in Deutschland, erforschte und beschrieb Lateinamerika und Zentralasien. Sein Hauptwerk „Kosmos: Entwurf einer physischen Weltbeschreibung" (5 Bände) fand schnell weltweite Verbreitung und größte Anerkennung. Nach ihm wurde der Humboldtstrom benannt. Die Humboldt-Universität Berlin trägt den Namen seines Bruders Wilhelm. *S. 74*

Huth, Johann Christian (1726–1804), deutscher Landbaumeister; schuf die Architekturelemente im Halberstädter Landschaftspark Spiegelsberge, verfasste u. a. 1787 das Werk „Kurzer und deutlicher Unterricht zu Zeichnung und Anlegung der Wohn- und Landwirtschaftsgebäude, für Anfänger, Bauleute und Liebhaber der Baukunst". *S. 44*

Juliana, Prinzessin zu Stolberg, Gräfin von Nassau-Dillenburg (1506-1580); wurde über ihre beiden Söhne Prinz Wilhelm I. und Graf Johann VI. zur Stammmutter der älteren und jüngeren Linie des Hauses Oranien. Die niederländische Königin Beatrix geht in direkter Linie auf Juliana zurück. *S. 85 ff.*

Karl VI., Franz Joseph Wenzel Balthasar Johann Anton Ignatz (1685–1740), seit 1711 römisch-deutscher Kaiser, Erzherzog von Österreich, König von Ungarn und Böhmen; förderte Kunst und Kultur im Habsburger Reich, das unter seiner Regierung die größte Ausdehnung erreichte; heiratete im August 1708 Prinzessin Elisabeth Christine, Tochter Herzog Ludwig Rudolfs von Braunschweig-Wolfenbüttel. *S. 111*

Katharina II., Zarin von Russland, genannt Katharina die Große (1729 1796), seit 1762 Zarin von Russland und Herzogin von Holstein-Gottorp. Als Prinzessin Sophie Auguste Friederike von Anhalt-Zerbst-Dornburg geboren, heiratete sie 1745 Großfürst Peter Fjodorowitsch, den späteren Zaren Peter III., brachte nach einem Staatsstreich gegen ihren Mann die Macht in Russland an sich und wurde 1762 zur Zarin gekrönt. Sie vertrat eine aufklärerische Politik des Möglichen, verbesserte das Bildungs-, Sozial- und Rechtswesen in ihrem Land, stand mit Voltaire, der sie sehr schätzte, in brieflichem Kontakt. *S. 52*

Klopstock, Friedrich Gottlieb (1724–1803), bedeutender deutscher Dichter, Wegbereiter der Erlebnisdichtung und des Sturm und Drang; besuchte in Quedlinburg das Gymnasium, später die Fürstenschule in Schulpforta, studierte ab 1743 in Jena Theologie, lebte seit 1751 in Kopenhagen, seit 1770 in Hamburg, führte die freien Rhythmen in der Dichtung ein; wurde zum Vorbild vieler berühmter deutscher Schriftsteller. *S. 9, 19, 73 ff., 104, 124, 136, 146*

Koch, Robert (1843–1910), deutscher Mikrobiologe und Mediziner, Entdecker des Tuberkulose- und des Coleraerregers, Begründer der modernen Bakteriologie und klinischen Infektiologie; erhielt 1905 der Nobelpreis für Physiologie und Medizin. *S. 98 f.*

König, Eva Catharina (1736–1778), geborene Hahn, seit 1768 verwitwete König; verlobte sich 1771 mit G. E. Lessing, heiratete ihn 1776. Sie folgte Lessing nach Wolfenbüttel, wo sie 1778 nach der Geburt ihres ersten Sohnes starb. Berühmt wurde der Briefwechsel zwischen ihr und Lessing während der Brautzeit. *S. 39*

Königsmarck, Marie Aurora Gräfin von (um 1662–1728), Mätresse Augusts des Starken; seit 1700 Pröpstin des freiweltlichen Quedlinburger Stiftes; besaß eine umfassende Bildung, spielte virtuos die Laute und Viola da gamba, schrieb Kantaten und Lieder, Libretti, Theaterstücke und Gedichte; Voltaire nannte sie neben Katharina II. „die berühmteste Frau zweier Jahrhunderte". *S. 22*

Korb, Hermann (1656–1735), deutscher Baumeister des Barock, seit 1704 Landbaumeister im Herzogtum Braunschweig-Wolfenbüttel; schuf u. a. das Schloss Salzdahlum (1813 abgerissen), das Schloss Blankenburg, Schloss Hundisburg und die Wolfenbütteler Bibliotheksrotunde (1887 abgerissen). *S. 111, 139*

Kranz, Johann Andreas Jacob (1741–1808), Quedlinburger Kaufmann und Unternehmer; hinterließ in seinen „Anmerkungen von denen wichtigsten Begebenheiten, welche mir im Leben …" bemerkenswerte Tagebuchaufzeichnungen für die Jahre 1744 bis 1794. *S. 48*

Kranz, Johanna Maria, geborene Schacht, seit 1776 Ehefrau des o. g. Johann Andreas Jacob Kranz. *S. 48*

Kügelgen, Wilhelm von (1802–1867), deutscher Maler und Schriftsteller, seit 1833 Hofmaler und Kammerherr am Hofe des Herzogs von Anhalt-Bernburg in Ballenstedt. *S. 132 f. 146*

Lehmann, Berend Issachar (1661–1730), erfolgreicher deutscher Bankier jüdischer Abstammung, sogenannter „Hofjude" August des Starken; setzt sich engagiert für das Wohl der jüdischen Bevölkerung und für die Verbreitung jüdischen Wissens in Deutschland ein, ließ auf eigene Kosten in Halberstadt eine bedeutende Synagoge und ein Studierhaus errichten. Das heute als Klaussynagoge bekannte Studierhaus ist seit 1995 Sitz der Moses Mendelssohn Akademie. *S. 126, 142*

Leibniz, Wilhelm (1646–1716), deutscher Philosoph, Historiker und Naturwissenschaftler, Frühaufklärer, seit 1691 Bibliothekar der Herzog August Bibliothek Wolfenbüttel, Initiator und ers-

ter Präsident der Berliner Akademie der Wissenschaften; gilt als letzter Universalgelehrter, erfand eine Rechenmaschine, entwickelte neben anderen mathematischen Verfahren auch das System binärer Zahlencodierung und schuf damit die Grundlage moderner Computertechnik. Leibniz verkörperte das universale Wissen seiner Zeit. *S. 18 f., 39, 105*

Lenné, Peter Joseph (1789–1866), deutscher Landschaftsarchitekt und Gartenkünstler; prägte in der ersten Hälfte des 19. Jahrhunderts die Gartenkunst in Deutschland entscheidend mit, stand seit 1816 im Dienst des preußischen Hofs, bekleidete ab 1818 die Position eines Königlichen Garten-Ingenieurs, arbeitete eng mit Karl Friedrich Schinkel zusammen. *S. 131*

Lessing, Gotthold Ephraim (1729–1781), deutscher Dichter, Dramatiker, einer der wichtigsten Vertreter der deutschen Aufklärung, seit 1770 Bibliothekar an der Herzog August Bibliothek Wolfenbüttel; vermittelte in den Schriften „Laokoon" und „Hamburgische Dramaturgie" neue ästhetische und literaturtheoretische Grundsätze, sein Auftreten gegen die „Buchstabenhörigkeit" der orthodoxen lutherischen Kirche führte zu einem öffentlichen Streit mit dem Hamburger Pastor J. M. Goeze. *S. 39f., 56, 104 ff., 124, 150*

Lichtenberg, Georg Christoph (1742–1799), deutscher Naturwissenschaftler und Schriftsteller, seit 1770 Professor für Physik, Astronomie und Mathematik in Göttingen, erster Professor für Experimentalphysik in Deutschland; pflegte den Aphorismus als literarische Form, zählte zu den kritischsten und analytischsten Denkern seiner Zeit und zu den witzigsten Autoren. *S. 53, 56*

Liszt, Franz (1811–1886), österreichisch-ungarischer Komponist, Dirigent und Pianist; gehörte zu den herausragenden Künstlerpersönlichkeiten des 19. Jahrhunderts. *S. 130*

Lortzing, Albert (1801–1851), deutscher Musiker, Komponist, Librettist, Schauspieler, Sänger und Dirigent, Hauptvertreter der deutschen komischen Oper (Spieloper). *S. 130*

Louise Albertine, Fürstin von Anhalt-Bernburg (1748–1769), Tochter des Herzogs Friedrich Karl zu Holstein-Plön, seit 1763 Gemahlin Friedrich Albrechts von Anhalt-Bernburg. *S. 52*

Löwen, Johann Friedrich (1727–1771), deutscher Lyriker und Theatertheoretiker, zeitweilig Vertrauter G. E. Lessings; versuchte in Hamburg das erste feststehende deutsche Nationaltheater mit Lessing als Dramaturgen zu etablieren, sein bekanntestes Werk ist die „Geschichte des deutschen Theaters", 1766. *S. 99*

Ludwig Rudolf, Herzog von Braunschweig-Wolfenbüttel (1671–1735), seit 1707 Fürst von Blankenburg; übernahm 1731 von seinem verstorbenen Bruder August Wilhelm das Herzogtum Braunschweig-Wolfenbüttel, versuchte das verschuldete Land durch sparsame Haushaltspolitik zu sanieren. *S. 29f., 110f., 139*

Luther, Martin (1483–1546), deutscher Theologe, Begründer und Lehrer der Reformation, Bibelübersetzer; trat gegen Fehlentwicklungen innerhalb der Katholischen Kirche auf, löste damit die Reformationsbewegung und schließlich eine Kirchenspaltung aus, verfasste eine Vielzahl von Predigten und theologischen Schriften. *S. 31, 84*

Maria Theresia (Walburga Amalia Christina), Erzherzogin von Österreich (1717–1780), seit 1740

Königin von Ungarn und Böhmen, Gemahlin des römisch-deutschen Kaisers Franz I. Stephan, nach dessen Tod 1765 regierende Kaiserin; zählte zu den bedeutendsten Monarchen des aufgeklärten Absolutismus, zeichnete sich durch autoritäre Tatkraft und Mütterlichkeit aus, förderte u. a. durch die Einführung der Schulpflicht und den Bau von Schulen das Bildungswesen, reformierte die Verwaltung, organisierte das Militärwesen neu und verbesserte die Lage der Bauern. *S. 30, 111*

Marcus, Otto (1863–1952), deutscher Maler und Illustrator, bis 1931 Generalsekretär des Reichsverbandes bildender Künstler zu Berlin; schuf 1901 den Bilderzyklus im Festsaal des Quedlinburger Rathauses. *S. 76*

Mathilde (955–999), Tochter König Ottos I., seit 966 Äbtissin von Quedlinburg, Beraterin ihres Bruders Kaiser Otto II. und Stellvertreterin ihres Neffen Otto III.; nahm großen Einfluss auf die Reichspolitik; vermehrte den Reichtum des Quedlinburger Stifts in erheblichem Maße. *S. 77, 146*

Messerschmidt, Klaus F. (geb. 1945), deutscher Künstler, seit 1972 freischaffender Bildhauer,

Maler und Grafiker von internationalem Rang; schuf u. a. zwischen 1986 und 1989 das Thomas-Müntzer-Denkmal vor dem Rathaus in Stolberg/ Harz. *S. 87*

Meyer, Carl Christoph, in der zweiten Hälfte des 18. Jahrhunderts Legationsrat am Hofe Friedrich Albrechts von Anhalt-Bernburg; unterwies Prinzessin Pauline in Geschichte und den allgemeinen Staatswissenschaften, entwickelte die lyrisch-literarischen Anlagen der Prinzessin, verfasste u. a. das satirische Gedicht „Der Grenadier oder Gustav Schnurrbart", Leipzig 1790. *S. 51 f.*

Moses Mendelssohn (1729–1786), deutsch-jüdischer Philosoph, Literaturkritiker, Wegbereiter der jüdischen Aufklärung, enger Freund Lessings und Gleims. Gleim besaß ein von Ch. B. Rode gemaltes Bild Moses Mendelsohns, das 1933 aus der Sammlung des Freundschaftstempels entfernt wurde und seither verschwunden ist. *S. 104*

Münchhausen, Karl Friedrich Hieronymus Freiherr von (1720–1797), auch „Lügenbaron" genannt, war schon zu Lebzeiten ein fantasie- und humorvoller Erzähler, nach Ausbildung und Karriere als Offizier im Dienste der russischen Zarin kehrte er 1750 nach Bodenwerder zurück und lebte dort bis zum Tod. *S. 134, 149*

Müntzer, Thomas (1489–1525), deutscher Theologe und Sozialrevolutionär, Leitfigur im deutschen Bauernkrieg; hielt 1524 in Allstedt den ersten deutschsprachigen Gottesdienst, entzweite sich mit Luther, wurde nach Vernichtung des Bauernheeres in Bad Frankenhausen gefangen, gefoltert und hingerichtet. *S. 32, 85, 87*

Nicolai, Christoph Friedrich (1733–1811), deutscher Literaturkritiker, Publizist, Herausgeber und Zeitungsverleger, Freund Lessings und Mendelssohns; gründete 1765 die „Allgemeine Deutsche Bibliothek", ein Rezensionsorgan, in dem mehr als 80.000 Bücher besprochen wurden. *S. 104*

Novalis, siehe Hardenberg, Georg Friedrich Philipp Freiherr von

Olearius, Adam (1603–1671), deutscher Reiseschriftsteller, Chronist, Diplomat und Übersetzer, Begründer der wissenschaftlichen Reisebeschreibung in Deutschland. *S. 54*

Oranien, Wilhelm von (1533–1584), Wilhelm I., Graf von Nassau, seit 1559 Statthalter der spanischen Krone in den Grafschaften Holland, Zeeland und Utrecht, führender Kopf im niederländischen Befreiungskrieg gegen Spanien. *S. 87*

Otto der Große oder *Otto I.* (912–973), deutscher Herrscher aus dem Geschlecht der Liudolfinger, seit 937 deutscher König, seit 962 römisch-deutscher Kaiser; heiratete 930 Prinzessin Editha von England, in zweiter Ehe 951 Adelheid von Burgund; zeichnete sich durch eine kluge Machtpolitik aus, vergrößerte und festigte das Reich. *S. 11, 20, 37, 77*

Otto von Guericke (1602–1686), deutscher Politiker, Jurist, Naturforscher, Baumeister und Erfinder, seit 1646 Bürgermeister von Magdeburg; entwarf einen Plan zum Wiederaufbau der im Dreißigjährigen Krieg zerstörten Stadt, erfand 1649 die Kolbenvakuumluftpumpe, demonstrierte die Kraft des Luftdrucks eindrucksvoll durch den legendär gewordenen Magdeburger Halbkugelversuch, baute die erste Elektrisiermaschine der Welt. *S. 19*

Otto, Graf zu Stolberg-Wernigerode (1837–1896), deutscher Politiker und Diplomat, Vizekanzler unter Otto von Bismarck; wurde 1890 durch Kaiser Wilhelm II. in den Fürstenstand gehoben, trat schon vor Bismarck für eine Sozialpolitik mit umfassender Fürsorge des Staates für das Wohl der Arbeiter ein. *S. 114*

Paul, Jean, eigentlich Johann Paul Friedrich Richter, (1763–1825), deutscher Schriftsteller; steht literarisch zwischen Klassik und Romantik; die Namensänderung geht auf seine Bewunderung von Jean Jacques Rousseau zurück. *S. 124*

Pauline Christine Wilhelmine, Prinzessin von Anhalt-Bernburg (1769–1820), seit 1796 Fürstin zur Lippe-Detmold, Sozialreformerin; verbesserte das Armenwesen in Detmold, ließ Erwerbs- und Freischulen, ein Kranken- und Waisenhaus, ein Schullehrerseminar und eine Anstalt zur Pflege geistig behinderte Menschen errichten. Ihre 1802 gegründete „Aufbewahrungs-Anstalt kleiner Kinder" war die Vorstufe heutiger Kindergärten. *S. 51 f., 54 ff., 64 f., 67, 129, 132 ff., 146*

Peter, Albert (1853–1937), deutscher Botaniker, von 1888 bis 1923 Direktor des 1736 von Albrecht von Haller gegründeten Botanischen Gartens der Georg-August-Universität Göttingen. *S. 90*

Petzold, Carl Eduard Adolph (1815–1891), deutscher Landschaftsgärtner; erlernte bei Fürst Hermann von Pückler-Muskau die Kunst der Gartengestaltung, bekleidete zwischen 1852 und 1872 das Amt des Parkdirektors der Niederlande, erweiterter u. a. 1866 den Brühlpark in Quedlinburg und gestaltete um 1858 den Schlosspark zu Langenstein. *S. 113*

Rauschenplatt, vermutlich *Julie von* (Mitte des 18. Jahrhunderts), erste Hofdame der Fürstin Louise Albertine von Anhalt-Bernburg, Erzieherin der Kinder des früh verwitweten Fürsten Friedrich Albrecht von Anhalt-Bernburg. *S. 51 f., 54, 59*

Reden, Nicolaus (genannt Claus) *Friedrich von* (1736–1791), Kurfürstlich Hannoverscher Geheimer Kammerrat und Berghauptmann; gründete 1775 die Bergschule in Clausthal. *S. 36*

Repgow, Eike von (zwischen 1180 und 1190–1233), war Verfasser des „Sachsenspiegels" und damit prägend für die deutsche Rechtsgeschichte, Sitz und Stammgut der Familie in Reppichau. Reppichau – das sich aus

als „Eicke von Repögow-Dorf"
bezeichnet, widmet ihm eine
Freilicht-Dauerausstellung. *S. 135*

Resewitz, Friedrich Gabriel
(1729–1806), deutscher Pädagoge und Theologe, seit 1757
Pastor in Quedlinburg, Freund
Klopstocks; wirkte seit 1767 als
Prediger der Sankt-Petri-Kirche
in Kopenhagen, reformierte
dort das städtische Schul- und
Armenwesen, verfasste vielbe-
achtete reformpädagogische
Schriften, wurde 1774 zum Abt
des Klosters Berge und zum
Generalsuperintendent von
Magdeburg berufen. Die Verwaltung des Klosters und die
Leitung der Schule gelangen
ihm nicht konfliktlos. *S. 48*

Richard Löwenherz (1157–1199),
Herzog von Aquitanien, seit
1189 König von England; be-
teiligte sich zwischen 1189
bis 1192 am dritten Kreuzzug,
wurde auf dem Rückweg in
Österreich gefangen und erst
gegen ein beträchtliches Lösegeld freigegeben; zur Zeit als
Richards Mutter Eleonore in
England das Lösegeld aufzu-
treiben versuchte, entstand die
Legende von Robin-Hood. *S. 61*

Ritter, Carl (1779–1859), deutscher
Universitätspädagoge, seit 1825
erster Lehrstuhlinhaber für

Geografie; gilt neben Alexander
von Humboldt als Begründer
der wissenschaftlichen Geografie. *S. 74, 146*

Rohleder, Johann Christoph
(gest. 1795), Hochfürstlicher
Bernburgischer Rat, Präzeptor
des Prinzen Alexius und der
Prinzessin Pauline von Anhalt-
Bernburg. *S. 52*

Rudolf August, (1627–1704),
Herzog von Braunschweig und
Lüneburg, seit 1666 Fürst von
Braunschweig-Wolfenbüttel;
teilte seit 1685 die Regentschaft
mit seinem jüngeren Bruder
Anton Ulrich (1633–1714). *S. 94*

Schnabel, Johann Gottfried
(1692–nach 1750), deutscher
Schriftsteller und Zeitungs-
herausgeber; verfasste unter
dem Pseudonym „Grisander"
mehrere Werke, von denen die
„Wunderliche Fata eines See-
Fahrers …" (Nordhausen 1731
bis 1743) als ein Hauptwerk der
deutschen Frühaufklärung gilt.
S. 32, 88

Schraube, Magarete (1903–1980),
deutsche Lehrerin, Wassersport-
lerin und Erbin eines bedeutenden bürgerlichen Nachlasses;
übergab vor ihrem Tod der
Stadt Halberstadt ihr Elternhaus
in der Voigtei 48 mit allen über

ein Jahrhundert darin bewahrten Einrichtungsgegenständen, Haushalts- und Küchengeräten, Wäsche, Spielzeug usw. zur musealen Nutzung. *S. 143*

Seelhorst, Just Friedrich von (1770–1857), seit 1810 Kammerrat, seit 1814 Hofmarschall am Anhalt-Bernburgischen Hofe in Ballenstedt. *S. 131*

Sehring, Ernst Bernhard (1855–1941), deutscher Architekt; errang hohe Anerkennung durch zahlreiche Theaterbauten u. a. in Düsseldorf, Bielefeld, Cottbus, Berlin und Halberstadt, ließ zwischen 1907 und 1920 auf seinem Sommersitz bei Ballenstedt die Roseburg errichten. *S. 147*

Seume, Johann Gottfried (1763–1810), deutscher Schriftsteller und Dichter, Theologie-Studium in Leipzig, 1781 auf dem Weg nach Paris zum „Dienste in der Armee" gezwungen und vom Landgrafen von Hessen-Kassel an England für den Kampf im Amerikanischen Unabhängigkeitskrieg verkauft, mehrere Fluchtversuche, nach Rückkehr Kerkerstrafe; nach Freilassung 1789 bis 1792 Studium in Jura, Philosophie, Philologie und Geschichte wieder in Leipzig, 1801 zwei große Reisen u. a. nach

Syrakus, Russland, Finnland und Schweden. *S. 124*

Shakespeare, William (1564–1616), englischer Dichter und einer der bedeutendsten Dramatiker alles Zeiten. Wieland, Voß, Herder, Eschenburg, Lenz und viele andere mehr übersetzten im 18. Jahrhundert Shakespeares Werke. *S. 56*

Söllig, Johann Valentin (1713–1788), deutscher Pfarrer, exzellenter Schachspieler, bis 1749 Pagenhofmeister und Diakon am Blankenburger Hof, danach Pfarrer in Hasselfelde. *S. 28 ff., 82, 110, 119*

Spiegel, Ernst Ludwig Christoph, Freiherr von Spiegel zum Diesenberg (1711–1785), Rittergutsbesitzer, Domherr und seit 1753 Domdechant in Halberstadt; Freund Gleims; setzte sich für die Verbesserung des Schulwesens ein, schuf einen bemerkenswerten Landschaftspark südlich vor den Toren Halberstadts, der bereits 1771 für die Bevölkerung zugängliche Park zählt zu den frühesten öffentlichen Anlagen dieser Art in Deutschland. *S. 43 ff., 53 f., 124 f., 127, 143*

Tieck, Ludwig (1773–1853), deutscher Dichter, Schriftsteller,

Herausgeber und Übersetzer; strebte in seinem vielseitigen Schaffen nach einer frühromantischen Universalpoesie im Sinne Schlegels; Friedrich Hebbel bezeichnete ihn als „König der Romantik". *S. 88*

Trenck, Friedrich Freiherr von der (1727–1794), preußischer Offizier und Abenteurer. Die Affäre zwischen ihm und der Prinzessin Amalia von Preußen, die angeblich Ursache für seine langjährige Inhaftierung war, ist historisch nicht verbürgt. Quelle dafür ist einzig die von ihm selbst 1787 herausgegebene Lebensgeschichte. *S. 22*

Voltaire, eigentlich Francois Marie Arouet (1694–1778), französischer Schriftsteller, Dramatiker, Kirchenkritiker und Philosoph, einer der bedeutendsten Autoren der europäischen Aufklärung, Begründer einer kulturhistorisch orientierten Geschichtsschreibung; kämpfte mit geschliffenem Stil, Sarkasmus und Ironie gegen feudalherrschaftliche Willkür, lebte u. a. auf Einladung Friedrichs II. zwischen 1750 und 1752 am preußischen Hofe. *S. 52*

Voß, Johann Heinrich (1751–1826), deutscher Dichter, bedeutender Übersetzer, Herausgeber und

Pädagoge, Mitbegründer des Göttinger Hainbundes. *S. 53*

Weber, Carl Maria Friedrich Ernst von (1786–1826), deutscher Komponist, Pianist und Schriftsteller; setzte erstmals den Taktstock ein und begründete damit die Praxis des Dirigierens, schrieb zahlreiche Opern, reformierte die Aufführungspraxis der Oper. *S. 131*

Wieland, Christoph Martin (1733–1813), deutscher Dichter, Übersetzer und Herausgeber, Erzieher der Prinzen am Weimarer Hof, einer der einflussreichsten Schriftsteller der Aufklärung, Begründer des modernen deutschen Bildungsromans; seit 1772 Vertrauter der verwitweten Herzogin Anna Amalia von Sachsen-Weimar. *S. 57*

Winckelmann, Johann Joachim (1717–1768), deutscher Archäologe und Kunstschriftsteller, Begründer der wissenschaftlichen Archäologie und Kunstgeschichte, Wegbereiter des Klassizismus, seit 1763 als erster Ausländer Oberaufseher über alle Altertümer Roms. *S. 7*

Wolff, Christian Freiherr von (1679–1754), deutscher Philosoph, Universalgelehrter, Jurist und Mathematiker, Begründer

der Begriffs-Jurisprudens, bedeutender Vertreter des Naturrechtes. Seine systematisch ausgeprägte rationalistische Philosophie hatte über lange Zeit eine große Anhängerschaft. *S. 52*

Zerrenner, Heinrich Gottlieb (1750–1811), deutscher Theologe, Pädagoge, Schriftsteller und Herausgeber einer „Zeitschrift für das Schulwesen", zwischen 1772 und 1775 Lehrer an der Kloster Berge Schule in Magdeburg, danach Prediger in Beyendorf, königlicher Schulinspektor und Oberprediger in Derenburg und schließlich Generalsuperintendent in Halberstadt. Seine zweite Gemahlin war die verwitwete Dorothea Elise Ritter, die Mutter des berühmten Geografen Karl Ritter. *S. 48*

Ziegler, Anna Marie (um 1550–1575), deutsche Alchimistin, betrog gemeinsam mit ihrem Mann und Philipp Sömmering durch Vorspiegelung alchimistischer Fähigkeiten Herzog Julius von Braunschweig-Lüneburg um eine große Summe Geldes, wurde im Februar 1575 auf einen eisernen Stuhl gefesselt und lebendig verbrannt. *S. 40*

Quellennachweis

Blumenhagen, Wilhelm: Wanderung durch den Harz. Georg Wigand's Verlag Leipzig 1838.

Das Klopstockhaus. Schriftenreihe des Klopstockhauses. Verlag Janos Stekovics, Halle an der Saale 1999.

Dwars, Jens-Fietje: Dichter-Häuser in Sachsen-Anhalt. Autorengruppe, hrsg. von J.-F. Dwars. quartusverlag, Bucha bei Jena 1999.

Eisold, Norbert, Lautsch, Edeltraud: Sachsen-Anhalt. DuMont Kunst-Reiseführer. DuMont Reiseverlag, Ostfildern 2005.

Gehre-Herbener, Gertrud: Johann August Ephraim Goeze (1731–1793), Prediger, Pädagoge und Naturforscher in Quedlinburg. In Quedlinburger Annalen, 8. und 9. Jahrgang 2005/2006.

Geopark Harz: Braunschweiger Land – Ostfalen Schriftenreihe des Regionalverbandes Harz e. V. Quedlinburg 2002–2005.

Goßlau, Friedemann: Verloren, gefunden, heimgeholt. Die Wiedervereinigung des Quedlinburger Domschatzes. Quedlinburg 1996.

Happel, Eberhard Werner: Größte Denkwürdigkeiten der Welt oder Sogenannte Relationes Curiosae. Hamburg 1683–1691. Ausgabe Rütten & Loening, Berlin 1990.

Körte, Wilhelm: Johann Wilhelm Ludwig Gleims Leben. Aus seinen Briefen und Schriften. Halberstadt 1811.

Krosch, Renate: Der Ströbecker Freudensprung. 2. Bde. Schachdorfverlag, Ströbeck 2003.

Krünitz, Johann Georg: Oeconomische Encyclopädie oder allgemeines System der Staats= Stadt= Haus= und Landwirtschaft, in alphabetischer Ordnung. Verlag Pauli, Berlin 1773–1858.

Kuczynski, Jürgen: Geschichte des Alltags des deutschen Volkes. Bd. 1. Akademie-Verlag, Berlin 1983.

Leibniz, Gottfried Wilhelm: Protogaea oder Abhandlung von der ersten Gestalt der Erde und den Spuren der Historie in den Denkmalen der Natur. Übers. von E. C. Ludwig Scheid. Leipzig/Hof 1749.

Pott, Ute; Westphal, Jürgen: Halberstadt – ein Lesebuch. Convent-Verlag, Quedlinburg 2004.

Rhamm, Albert: Die betrüglichen Goldmacher am Hofe des Herzogs Julius von Braunschweig. Druck und Verlag von Julius Zwißler, Wolfenbüttel 1883.

Riewning, Hans: Fürstin Pauline zur Lippe, 1769–1820. Verlag der Meyerschen Hofbuchhandlung, Detmold 1930.

Seidel, Christina: Sachsen-Anhalt – Land und Leute. LänderReihe. LKG Leipzig 1994.

Standage, Tom: Der Türke – Die Geschichte des ersten Schachautomaten und seiner abenteuerlichen Reise um die Welt. Campus Verlag, Frankfurt a. M. / New York 2002.

Wolff, Bernd: Winterströme / Goethes Harzreise 1777. Verlag der Nation, Berlin 1986.

Zedler, Johann Heinrich: Großes vollständiges Universal-Lexicon aller Wissenschaften und Künste. 1732 bis 1750.

Elektronische Medien

Internetauftritte der erwähnten Orte, Museen und Einrichtungen

Internetenzyklopädie Wikipedia

Abbildungsnachweis

Die Angaben zum Bildnachweis wurden nach bestem Wissen zusammengetragen. Eventuelle Unterlassungen bitten wir zu entschuldigen.

Andreas Tille (Wikipedia): S. 10

Anhaltische Gemäldegalerie Dessau, Grafische Sammlung: S. 49 (Foto: Uwe Jacobshagen)

Archiv Renate Krosch: S. 28

Ballenstedt-Information: S. 128–130

Berend Lehmann Museum: S. 127 u. (Foto: Ulrich Schrader)

Dom und Domschatz zu Halberstadt, Domschatzverwaltung: S. 123

Gleimhaus Halberstadt: Historische Karte im Innenumschlag, S. 14/15, 17, 27, 31, 40 r., 42, 45, 124 u., 125, 127 o. (Fotos: Ulrich Schrader)

Gleimhaus Halberstadt, Eigentum des Landes Sachsen-Anhalt: S. 21 (Foto: Ulrich Schrader)

Goslar Marketing GmbH: S. 100, 101, 103

Gottfried-August-Bürger-Museum Molmerswende: S. 132, 133 (Fotos: Ulrich Schrader)

Halberstadt-Information: S. 118, 122, 124, 151

Harzer Tourismusverband: S. 5, 70–72, 75, 84, 91–93, 96, 97, 117, 137

Harzmuseum Wernigerode: S. 33, 41

IMG – Investitions- und Marketinggesellschaft des Landes Sachsen-Anhalt mbH: S. 76, 116 u.

Jagdschloss Spiegelsberge: S. 126

Klopstockhaus Quedlinburg: S. 19 l. (Foto: Ulrich Schrader), S. 19 r., 73

Kurbetriebsgesellschaft „Die Oberharzer" mbH – Tourist-Information Clausthal-Zellerfeld: S. 98, 99

Michael Pantenius: S. 135

Michael Wolf (Wikipedia): S. 79, S. 80 o. r.

Museum Alte Münze Stolberg; S. 85 l.

Museum im Schloss Wolfenbüttel: S. 39, 40 l.

Quedlinburger Annalen, 9. Jg. 2006: S. 18 l.

Ralf Nielbock: S. 18 r.

Rübeländer Tropfsteinhöhlen – Tourismusbetrieb der Stadt Elbingerode: S. 94, 95

Schachmuseum Ströbeck: S. 120, 121

Schloss Detmold, Inv.Nr.: P 187, Schloss Detmold, Inv.Nr. P 93: S. 51
Schloß Wernigerode® GmbH: S. 115
Städtisches Museum Halberstadt: S. 25, 29, 30, 34, 38, 43, 127 o.
  (Foto: Ulrich Schrader)
Städtische Museen Quedlinburg, Schlossmuseum: S. 20
Stiftung Kloster Michaelstein: S. 113
Thale-Information: S. 7, 78, 80 u., 81, 136
Tourist-Information Blankenburg: S. 110, 111, 112
Touristinformation Hasselfelde: S. 82, 83
Tourist-Information, Stadtmarketing Wolfenbüttel GmbH & Co. KG: S. 104,
  106 (Fotos: König), S. 105 (Foto: Hübner), 107, 108
Touristinformation Stolberg: S. 85 r., 86–89
Weltkulturerbe Rammelsberg, Museum & Besucherbergwerk: S. 102
Wernigerode Tourismus GmbH: S. 114, 116 o.

Gebiets-Pläne S. 68/69: *Mitteldeutscher Verlag auf der Grundlage der
  Basiskarte des Landesamtes für Vermessung und Geoinformation
  Sachsen-Anhalt*

Umschlag vorn:
Wernigerode, kolorierte Radierung, Künstler unbekannt, um 1780:
  Harzmuseum Wernigerode

Umschlag hinten:
Der Schlossberg in Quedlinburg: *Harzer Tourismusverband*
Die Bodeschlucht: *Thale-Information*
Das Bergtheater in Thale: *Thale-Information*
Stolberger Rathaus: *Touristinformation Stolberg*
Der Dom in Halberstadt: *Halberstadt-Information*

Gefördert durch das Kultusministerium des Landes Sachsen-Anhalt

SACHSEN-ANHALT
Kultusministerium

Dank

Die Herausgeber und der Verlag danken allen Personen und Institutionen, die zur Qualität dieses Buches maßgeblich beigetragen haben.

Haftungsausschluss

Die Angaben in diesem Reiseführer wurden gewissenhaft überprüft. Für die Aktualität, Korrektheit und Vollständigkeit übernimmt der Autor keine Haftung.
Der Autor distanziert sich aus rechtlichen Gründen von allen Inhalten der aufgeführten Internetseiten. Auf aktuelle und zukünftige Gestaltung, die Inhalte oder Urheberschaft der angeführten Internetseiten hat der Autor keinen Einfluss.

Die Deutsche Nationalbibliothek registriert diese Publikation in der Deutschen National-bibliografie; detaillierte bibliografische Daten im Internet unter http://d-nb.de.

Band 1: Altmark, Börde und Magdeburg
Band 2: Harz
Band 3: Saale-Unstrut-Gebiet und Halle
Band 4: Anhalt, Dessau und Wittenberg

2010
© **mdv** Mitteldeutscher Verlag GmbH, Halle (Saale)
www.mitteldeutscherverlag.de

ISBN 978-3-89812-696-0
Printed in the EU